学校に行けない子どもの気持ちがわかる本

不登校・引きこもりカウンセラー
今野陽悦

WAVE出版

はじめに

不登校・引きこもりの問題を専門としたカウンセリングをさせていただいている今《こん》野《の》陽《よう》悦《えつ》と申します。

この本を手に取ってくださってありがとうございます。

『学校に行けない子どもの気持ちがわかる本』はお子さんの不登校に悩まれる親御さんへ向けて、自分自身の不登校の体験と、カウンセラーとして数多くの不登校のお子さん・ご家庭と関わり、解決へと導かせていただいてきた経験から、親御さんにも、お子さんにも、本質的な解決法を知っていただきたくて執筆しました。

読者一人ひとりのお力や学びになれましたら幸いです。

私は10代の頃、不登校・引きこもりの状態でした。

親子共々「先が見えない」「どうしようもない」「絶望的」と思わずにはいられない

状態だったのですが、多くの方々の愛と助けによって解決することができました。

自分自身の経験を通し、不登校や引きこもりを専門としたカウンセラーとして20年ほど活動をしています。

直接的なカウンセリングから、ブログのような間接的なものまで含めると、延べ1万件以上の事例に接し、解決策をお伝えしてきました。


私は自らの実体験やカウンセラーとしての経験を通して、

「たとえ今は、お子さんの状態が不登校や引きこもりであったとしても、親御さんがきちんと学ばれて適切な関わりを実践していけば、その状態は解決していく」

と、確信しています。

それは、私が実際にこの目で、数多くの不登校や引きこもりの状態の方々が、着実に解決していったという事例をたくさん見てきているからこそ、はっきりと言えるのです。

何よりもまず、あなたにお伝えしたいことがあります。

「あなたは悪くありません」

もしかすると、あなたも多くの親御さんのように、

「子どもが不登校になったのは私が悪いんだ」

と、ご自身のことを責めてしまっているかもしれません。

しかし、あなたが「悪い」ということではないのです。


これは、ただの慰めで言っているわけではありません。

なぜなら、お子さんを今のような状態にしたくて対応してきたわけではないでしょうし、お子さんのことを心から愛している、ということに嘘はないはずだからです。


これまで一生懸命子育てをしてきて、お子さんが不登校になってからはそれを解決したいと懸命に頑張ってこられたことと思います。

適切な〝関わり方〟や〝考え方・とらえ方〟を知らなかったがゆえに、頑張ってきたことが逆効果になってしまい、お互いに苦しくなってしまった側面はあるかもしれ

ません。

でもそれは、ただ知らなかっただけであり、「悪い」ということではありませんので、ご自身を責めることなく、今もなお頑張っている自分をねぎらい、自分に対して優しい気持ちになっていただきたいです。

この〝自分を大切にすること〟も実は、解決へ向かっていくにあたりとても大切なポイントとなりますので、意識しながら読み進めていただければと思います。

また最初の段階でぜひ「子どもの不登校の解決とはどのように考えているのか？」という、あなたにとっての〝解決の定義〟を明確にしてみてください。

カウンセラーとして多くの悩まれる方々のお話を伺ってきて思うことは、「何を解決としているのか？」「どうなったらその悩みから解放されるのか？」ということをクライアントさんご自身でも把握されていない場合も多い、ということです。

なんとなく「解決をしなくちゃ」と思っているだけで把握できていないので、同じところで何度も苦しんでしまったり、無意識に叶わない幻想を追いかけてしまったりして、堂々巡りが続いているケースも見てきました。

なので、読み進める前にあなたにとっての〝不登校の解決の定義〟をはっきりさせることをおすすめします。

ちなみに私自身が考える不登校の解決の定義は、親御さんの立場では「自己受容（ありのままを受け容れること）を深めて子どもからの精神的な自立をすること」、お子さんの立場では「生きる力を取り戻し、これから社会で生きて行く力を養っていくこと」と考えています。

解決の定義にも正しい・間違っているはないので、まずご自身の考える解決の定義を明確にして読み進めていただきたいです。

それではこれから心を込めて、本編をお届けしていきたいと思います。

学校に行けない子どもの気持ちがわかる本
Contents

第2章 子どものケアをするときの基本

第3章 集団タイプ・個人タイプの子どもたち

第4章 不登校解決までのステップ

第5章 よくある質問

イラスト　かりた
装丁　白畠かおり
DTP　小山田倫子
校正　株式会社ぷれす
編集協力　細井秀美
編集　吉田ななこ（WAVE出版）

第1章

あなたは悪くありません

「不登校」が悩みの全てでしょうか？

私はカウンセラーとして多くの悩まれる親御さんのお話を伺ってきた経験から、不登校の子どもに対するイメージや環境は、時代によって変わってきているように感じています。

以前は「学校へ行くのは当たり前で、そうしないと社会に出ていくときに困る」などといった具合に、学校へ行かないと、せめて高校くらいは卒業しないと、今後の人生にデメリットがあるという考え方が今よりもずっと多かったように思います。

ですので、当時カウンセリングへ来られる人の中にも「何とか学校に行かせる方法を教えてほしい」「復学させるために子どもを変える関わり方を知りたい」という考えの人が多かったです。

現在は「学校は無理して行かなくてもいい」という声が以前より多くなり、「学校に行けなくてもこんな人生を歩んできた」「立ち直って社会で活躍している」という体験談がテレビ、動画、SNS、書籍等でも増えています。この機会に、「不登校有名人」「不登校　経営者」などで検索してみてください。多くの不登校経験をもつ方々がカミングアウトし、そのことを問題にしたり、生きる上での〝障壁〟にしたりすることなく、社会で活躍していることをご理解いただけると思います。

勉強や進学に関しても、各自治体が設置する教育支援センター、フリースクール、不登校児専門の塾、オンラインで学べるサイトなど、本人が意欲を取り戻したときにきちんと学べる仕組みも以前と比べると数多くあります。高卒認定資格を取って、大学へ入学することも容易にできる時代になりました。

とはいえ、親御さんの不安がなくなるわけではありません。特に、親に心を閉ざしてしまったお子さんに対しては、教育を受けさせる以前に、**「子どもが何を考えているかわからない」「コミュニケーションできない」**という場合が多くあるのも実情です。

ですから「学校に行かせたい」とカウンセリングに来られる人がいる一方で、それ以前の問題として「子どもがふさぎ込んでしまってどうしていいのかわからない」「どうやって接したらいいのかわからない」という「学校に行く・行かない」とは別の悩みを抱く人も大変多いです。

どの人にも共通して言えるのは「親戚やママ友には言いづらい」「近所の目が気になってしまう」「うちの子が不登校になったのは、自分の育て方が悪かったから」と否定的な気持ちをもちながらお話しになっているということです。他者の目を気にして、自分を責め、思い込みにとらわれた状態になってしまっています。

まずは親自身の気持ちを落ち着かせましょう。

そのためには自分の目に映るお子さんの状態・まわりの人からの意見・子育て論・子どもの将来など、あらゆることに対して「いい」「悪い」と判断をせず、ありのままを受け容れる気持ちになれることがとても大切なポイントとなります。

このことを〝自己受容〟といいます。「ありのままの自己を受け容れようとする」

から自己受容と呼ばれます。自己受容では、自分の不安や悩みに対して無理に前向きになろうとしたりポジティブに考えようとしたりする必要はありません。もし今の気持ちが不安だとするならば、ただ「自分は今、不安な気持ちになっている」と気づくだけでもいいかと思います。

見ていないように感じられても、実は子どもは親のことをよく見ています。どんなにいつも通り接しているつもりでも、不安な気持ちは子どもに伝わってしまいます。無理して明るく振る舞うよりも、心から「大丈夫」と言えるほうが良いので、第1章では自己受容の方法をお伝えしていきます。

親御さんの心を落ち着かせることが、不登校解決の第一歩です。

※本書では自己受容（他者受容）の意味のあるものは「受け入れる」ではなく「受け容れる」と表記します。

なぜ、ありのままを受け容れることが不登校の子どもにとって必要なのでしょうか？

ケースバイケースではあるので断言はできませんが、傾向として、学校に行けない子どもの心の中は、不登校になっている現状や自分の存在を受け容れられなくなっていることが多いです。

「行かなければいけないと思っているのに行くことができない自分はダメな存在だ」「そんな自分は好きになれない、受け容れられない」といった葛藤でいっぱいになっていたりもします。それなのに親御さんが「学校に行けない子どもではいけない」「うちの子は今後、生きていけるのかしら？」と疑問をもって接してしまうと、子どもの心はますます不安になり**「自分には居場所がない」「こんな自分はダメだ」**と感じるようになってしまいます。

もし親御さんが心に余裕をもって**「学校に行かなくても勉強はできるし、社会にも出ていける。だから一緒に将来について話してみない？」**と子どもに呼びかけることができて、子どもがそれに応えることができる関係ならば、親子にとって不登校はそれほど大きな問題にならなくなるのかもしれません。

そんな関係を築くためにも、まずは親の心を安定させて、親自身がありのままを受け容れられるようにすることを最優先にしてみましょう。

そして親御さんが自分のありのままを受け容れられるようになると、それと比例するかのように子どものありのままも受け容れられるようになってきます。

親が子どもを受け容れられるようになると、その影響から子どもも、自分自身を受け容れられるようになってきます。

つまり、自己受容ができるようになると、他者受容ができるようになり、他者受容ができるようになると、相手も自己受容を深めることができるようになってくるのです。

自己受容の基本は「自分の気持ちや状態に気づくこと」と「その状態をいい・悪いで判断しないこと」です。

「不登校は悪いこと」という前提で、自分自身を「ダメな親」と責めたり、「誰にも顔向けできない」と後ろめたく思ったりする必要はまったくありません。私は、多くの不登校・引きこもりのお子さんが改善・解決していった事例を見てきた経験からも、「うちの子どもが不登校なんてどうしたらいいの？」と不安になったり、「なんとか学校に行かせないと」と頑張り過ぎたりしなくてもいいのではないかな？　と考えています。

まずは「不登校」というものに対して「いい」とか「悪い」とか判断するのをやめてみませんか？

とはいえ、いきなり「自分の気持ちや状態に気づきましょう」「その状態を、いい・悪いで判断しないようにしましょう」と言っても、よくわからない人も多いかと思います。

そこでまずは〝心のモヤモヤを整理する7つの質問〟を用意してみました。

今の自分自身が、「自己受容できているのか・できていないのか」に気づくところから始めていきましょう。

1
心のモヤモヤを整理する7つの質問

あなたは何に悩んでいるのですか？

まずは紙を1枚用意し、あなたが何に悩んでいるのかを書き出してみてください。例を載せておきます。当てはまるものがあれば、そのまま書いてもOKです。

・子どもが学校に行かないので、勉強や将来が心配
・なぜ学校に行きたくないのか、理由を話してくれないので対処ができない
・学校に行かず勉強もせず、ずっとゲームばかりなのでイライラする
・夫（または妻）に相談しようとするが、真剣さが感じられず、自分ばかりカリカリしている
・学校に子どもの様子を報告しなければならず、気が重い
・ママ友にうちの子が不登校だということがバレてしまった
・不登校になる前のサインをキャッチできなかったから、こうなってしまった

・不登校のことが一日中頭から離れず、仕事に集中できない

POINT

悩みを書き出すと、自分が「悪い」と判断していることが浮き彫りになってきます。

「勉強や将来が心配」→「勉強ができないのは悪い」「不安定な将来は悪い」
「理由を話してくれないので対処ができない」→「理由を話さないのは悪い」
「ずっとゲームばかりなのでイライラする」→「ゲームばかりするのは悪い」

もちろん、悩みを抱くことや、「悪い」と判断してしまうことがいけないわけではありません。完璧な自己受容は、なかなかできないものです。また、これまで自己受容という概念自体を知らなかった人も多いかと思うので、できなかったとしてもそれは当然です。事例の置き換えが極端で、しっくりこない部分もあると思います。

ここで大切なのは「自己受容できていない自分がいる」ことに気づくことです。

心のモヤモヤを整理する7つの質問

2 自分を責めていませんか？

「私の育て方が悪かったんです」「もっと子どもに向き合っていれば、こんな状態にならなかったのでは？」「きっと愛情不足だったのだと思います」など、不登校のお子さんをもつ親御さんをカウンセリングさせていただくと、多くの人からこうした声が聞かれます。

もしかしたら、あなたも「自分のせいで子どもが不登校になったのでは」という思いにかられ、自分を責めたり嘆いたりされていませんか？

自己否定をしていないか、確認をしてみましょう。

POINT

私が断言できるのは、「あなたは悪くありません」ということです。

なぜならあなたは、子どもを不登校にしたくて子育てをしてきたわけではないからです。

また子どもの不登校で悩まれる親御さんの多くは、ご自身なりに子どもに愛情を注いでしっかりとした大人に育てようと努力されています。子どもの幸せを願い、良かれと思ってお子さんのために頑張ってきたわけですから、私は、ご自分を責める必要なんてないのだと思います。

また「あなたの育て方が悪かった」「こうなったのはあなたのせいだ」などとまわりから言われたり責められたりしてしまうこともあるかもしれません。

しかし、自分のことを責める声に耳を傾けて苦しくなったり、後悔でいっぱいになったりしてしまうのでしたら、聞かなかったことにしてもいいかと思います。今、この本を読んでいるのも、子どもと向き合おうとしている証拠ですし、愛しているからこそ、なのですから。

この本を読んでいくにつれて「あのときの私は子どものことを否定してしまっていた」と気づいたとしても、自己否定をする必要は一切ありません。

何よりも大切なのは、これから子どもと過ごしていく〝未来〟です。

心のモヤモヤを整理する7つの質問

3 「それでもいい」と無理に言い聞かせていませんか？

ありのままを受け容れようとするときに、無理に考えをポジティブに置き換えようとしてしまう人がいます。

「不登校という挫折を経験したほうが、心が強い大人になる」

「学校なんかより家で教育したほうがいい」

このような言葉には「不登校＝挫折」「学校＝悪い」という否定的な部分と、受容的な部分が混在しています。**実は自己受容ができているようで、できていない状態なのです。**無理に肯定しようとしたり、無理に考えを打ち切ろうとしたり、無理に今の状態に慣れようとしたり……。感情をコントロールしようとすると、どうしても無理が出てきます。ですから、**「自分にはネガティブな感情がある」「それはいいことでも悪いことでもない」**ことに気づきましょう。

POINT

将来を不安に思う、できないことにイライラする、過去を思い出して落ち込む……。

これらのネガティブな感情は悪いものではありません。

もう一度、質問①で挙げた悩みを振り返ってみてください。

例えば、「子どもが学校に行かないので、勉強や将来が心配」という悩みであれば、そこに潜むあなた自身の感情についても、書き加えてみてください。

「子どもの将来も心配だけど、世間体も気になる」「この子には、将来を期待していたのに」といった本音や思惑が、顔をのぞかせるかもしれません。

例えば「義理の母から責められる」という悩みについては、「何でも私のせいにするなんて腹立たしい」「いちいちうるさいから、もう義母とは話をしたくない」といった本音に改めて気づかされるかもしれません。こうしたネガティブな感情を書き出してみると、客観視できるようになります。

その上で、「こうした感情も全て含めた姿が、ありのままの自分だ」と受け止めることが大切なポイントとなります。

4

心のモヤモヤを整理する7つの質問

現実と感情を分けられていますか？

これまでの質問をもとに、あなたが置かれている状況を整理してみましょう。

質問①で書き出した悩みや、質問③でさらに書き加えた自身の感情、お子さんの様子などを振り返ってみてください。

次に32ページからのシート例を参考にしてそれらを〝現実に起こっていること〟と〝自分の感情〟とに分けて書き出してみましょう。するとより客観視できるようになり、ありのままの自分を受け容れやすくなるかと思います。

例えば、「子どもが学校に行かないので、勉強や将来が心配」という悩みについては、「子どもが学校に行かない」の部分が〝現実に起こっていること〟であり、「勉強や将来が心配」の部分が〝自分の感情〟となります。

「夫（または妻）に相談しようとするが、真剣さが感じられず、私ばかりカリカリしている」といった悩みの場合、「夫（または妻）に相談している」が〝現実〟、「相手に真剣さが感じられない」「私ばかりカリカリしている」が〝感情〟です。

お子さんの様子については、例えば、「ご飯は毎日食べる」という〝現実〟があるとしたら、「ご飯をきちんと食べられているから、まだ安心」「ほとんど動かないのに食べる量は変わらないから、太らないか心配」など、その現実に対するあなたの感情などを書き加えてみましょう。

POINT

現実と感情がごちゃ混ぜになっていると、物事をありのままにとらえられなくなってしまいます。特にネガティブな感情が絡む場合、どんどん現実から離れて暗い方向へ進み、ますます落ち込んでしまいかねません。

自己受容を深めていくにあたって「物事をありのままに受け容れる」ためにも、現実と感情をしっかり分けて考えると良いかと思います。

「こういう現実に対し、自分はこういう感情を抱いている」「こう考える傾向がある」など、自身を客観的にとらえる訓練にもなりますので、ぜひ実践してみてください。

シート例：自分の感情

1. 勉強や将来が心配

2. 相手に真剣さが感じられない

3. 私ばかりカリカリしている

4. ご飯をきちんと食べられているから、
まだ安心

5. ほとんど動かないのに食べる量は
変わらないから、太らないか心配

6. ゲームをする元気があるのなら、
少しは勉強をしてほしい

7. 将来について本人はどう思っているのか、
話をしたい

シート例：現実に起こっていること

1、子どもが学校に行かない

2、夫（または妻）に相談している

3、子どもはご飯は毎日食べる

4、子どもはゲームばかりしている

5、子どもと話ができない

心のモヤモヤを整理する7つの質問

5

自分と子どもの問題を分けられていますか?

今度は、あなたを取り巻く問題を整理してみましょう。

36ページからのシート例を参考にあなたが抱える悩みや問題を〝自分自身の問題〟〝子どもの問題〟に分けてみましょう。自分でも子どもでもない問題・第三者に関する問題・どちらなのか判断できない問題などについては〝その他の問題〟に入れておいてください。

POINT

シート例を見て〝子どもの問題〟のところに「不登校である」と書いてあるのを見て、「なぜ?」と思われた人も多いかもしれません。「子どもの不登校は、親の問題でもあるのでは?」と。ですが、そもそも学校に通っていたのはお子さんであり、行かなくなったのもお子さんであり、親御さんではありません。

ですから、実は、「あなたのお子さんの問題」ではあっても、「あなたの問題」ではないのです。

あなたが今、お子さんの不登校で悩んでいるのは、「子どもの悩み・問題・痛み＝親の問題・悩み・痛み」と直結してしまっているからかもしれません。「育て方が悪かったのかな」「自分のせいだ」と悩んでしまうのも、それが原因となります。

子どもの問題が親の問題になってしまうと、この先も子どもの問題に振り回されてしまいます。言い方を変えれば、親の問題で子どもを追い込んだり、苦しめたりしてしまうことにもつながりかねないのです。

「こうすれば子どもは学校に行く気になるかもしれない？」と先回りして行動し、お子さんの様子に一喜一憂する。そうした言動が、お子さんにとってプレッシャーとなり、ますます心を閉ざしてしまう……。

こうした例を、これまでに私はたくさん見てきました。

このように子どもの心を追い詰めないためには、親御さんがお子さんから精神的に自立する必要があります。詳しくは62ページでお伝えしますね。

シート例：その他の問題

1. 夫（または妻）に
「あなたのせいだ」と責められる

2. 夫（または妻）が子どもと
コミュニケーションを取ろうとしない

3. 学校の先生から
毎日のように連絡が来る

4. 義母が介入してくる

シート例：自分自身の問題

1. 子どもの将来が不安で仕方ない

2. 不安やイライラで体調がすぐれない

3. 人目が気になる、人と会うのがおっくう

4. 子どもが不登校で世間の目が気になってしまう

シート例：子どもの問題

1. 不登校だ

2. 勉強をしていない

3. お手伝いをしない

4. ゲームやスマホばかり

6

心のモヤモヤを整理する7つの質問

あなたにとってのゴールはどこにありますか？

「子どもにはこうなってほしい」という願望が強すぎて、子どもがしたいことを受け容れられなくなっている親御さんもいらっしゃいます。

「親のゴールと子どものゴールは違うかもしれない」という前提に立った上で、改めて「学校に行くこと」がゴールなのか、今一度ここで考えてみましょう。

私の実体験をお伝えします。私の親、特に父は国家公務員という堅い仕事をしており、非常に規範意識の強い人でした。学生の頃から勉強が好きだったそうで、大学へも進学したかったけれど、家が貧しくて叶わなかった。だからこそ、自分の子どもには勉強をさせたいと期待していたようです。私自身が不登校になり始めた中学生の時期には、「高校ぐらい行っておかないと将来はないぞ」といったようなこともさんざん言われました。

最初のうちこそ「親父の言う通りなんだろうなあ」と思っていた私ですが、思春期になり自我が芽生え始め〝個〟が確立されていくとともに、次第に**「学校へ行っても行かなくても、自分なりにしっかり生きることができていればいいんじゃないか」**と考えるようになったのです。

学校の勉強は好きではなかったとはいえ、私は学ぶことが嫌いだったわけではありません。海外留学をして広い世界を知りたいという欲求もありましたし、バイクが好きだったので将来はその方面で食べていけるようになれたらと思い、なけなしのお小遣いでバイク関連の本や雑誌を毎月購読したりバイク店へさまざまな話を聞きにいったりと、自分なりに調べたり勉強したりもしました。

ただ、私がやりたかったことは、親の思う〝勉強〟とは違っていました。ですから、私と親との考え方が交わることはなく、親は親なりに私を愛しているからこそ進学をさせたいと思っていたことも、今では理解できますが、当時の私には**「わかってもらえない」「理解しようともしてもらえない」**ことがとても悲しかったのを覚えています。

この例と同じで、親子であっても考え方・物事のとらえ方や見方は違う場合が多いです。これまで1万件以上のカウンセリングをさせていただいてきた経験からは、「99％違う」と私は感じています。親子ではあっても親と子は別の人間ですから、当たり前といえば当たり前ですね。

ですから、お子さんが思う解決のゴールと、親御さんが考えるそれとは違うものであると考えてください。

POINT

カウンセリングをさせていただいていると、親御さんからよく「子どもを信じればいいんですか？」と質問されることがあります。

この「信じる」という言葉は、ものすごくクセモノだったりします。何をもって「信じる」とするのかによって、答えが180度変わるからです。

「親の願った通りになる」「学校に行くようになる」ことを「信じる」というのであれば、信じないほうが賢明かもしれません。お子さんは親の思い通りになることはなかなかないからです。

一方で、「生きる力を取り戻す」ことを「信じる」とするのであれば、それは信じていいかと思います。

たとえ自身の子どもであっても、人は一人ひとり違うものであり、人のことを変えることはできません。

ですが、影響を与えることはできます。親御さんが変わることによって、結果的に親御さんの望む方向にいくことはあります（ただ、あくまで結果論であって、望む方向にいかせようとしてもうまくはいかないものです）。

親が親としての理想や考えをもつことに、問題はありません。ですが、親の目線で見れば未熟な部分もあるとはいえ、お子さんにはお子さんの考えがあります。親御さんの考えを一方的に押しつけることはしないほうがいいでしょう。そうすることがよりお子さんを苦しめ、抜け出すまでにさらに多くの時間が必要になりかねないからです。

「親の望むゴールを目指してほしい」「親の望む通りの子になってほしい」という、エゴともいえる願望を手放すことがなかなかできないのは当然ですし、その気持ちもわかるのですが、解決するプロセスにおいて多くの人が通る道であるということを知っておいてください。

7 心のモヤモヤを整理する7つの質問
子どもの話を聞くときにアドバイスをしていませんか？

心のモヤモヤを整理する7つの質問の最後は、他者受容できているかどうか、確認をする質問です。
あなたはお子さんの話を聞くとき、途中で話を遮《さえぎ》って、「こうしたらいいんじゃない？」「こうするべきだよ」などとアドバイスをしてしまうことはありませんか？子どもの話を聞くのではなく、自分ばかり話してはいませんか？「そんなのダメよ」と否定してはいませんか？　もしくは、「将来はどうするつもりなの？」などと質問攻めにしていませんか？

おそらくあなたがお友達と会話するときは、こうしたコミュニケーションは取っていないのではないでしょうか。逆に、相手から頼んでもいないアドバイスを延々とされたり、「これからどうするの？」などと一方的に責め立てるような聞き方をされたりしたら、どう思うでしょうか？

おそらく、うんざりしてしまうかと思います。「私の話も聞いてよ」「マウントを取られている感じがする」などと感じてしまうのではないでしょうか。

それは、お子さんも同じです。

お子さんは親御さんに**「フラットな会話がしたい」「私の考えを知ってほしい」**という気持ちをもって話をしているのに、先回りしてああだこうだ言われると、「親の考えを押しつけようとしている」「やっぱりわかってもらえない」とせっかく開きかけた心の扉をシャットダウンしてしまうことにもつながります。

私は数多くの不登校の子どもの悩みを伺った経験から、子どもには学校や家といった物理的な居場所だけでなく、「ありのままの自分でいられる」という心の居場所も必要なのだと感じています。そのためには、親御さんが心の居場所になれるようなマインドになること、言い換えれば〝受容的〟になることが大切なのだと考えています。

POINT

お子さんが話を始めたら、「そうなんだ」「へえ」といった相づちを打ちながら、最後まで話を聞きましょう。途中で「それは、でも……」と思ったとしても、黙って聞くように心がけます。

もし、途中で「どうしたらいいと思う?」と聞かれたとしたら、「私はこう思うけど」という形で、「私は」と冒頭につけて正しい・間違っているといったニュアンスが込められていない、あくまでひとつの意見として考えを伝えたら良いと思います。

そうすることで、お子さんも「私のことを理解してくれている」「私は受け容れられている」と感じ、心が安定していきます。

物事や自分自身をありのままに受け容れ、子どもと自分(親)とは別の人間・人格であると理解できるようになるにつれて、自然とできるようになっていきます。

ありのままを受け容れられていない自分に気づく

心のモヤモヤを整理する7つの質問、いかがでしたか？　これらの質問を通して最も大切なことは「ありのままを受け容れられていない自分に気づくこと」です。

「学校には行くべき」という考えにとらわれて「不登校」を受け容れられないことや「勉強をしない」のは子どもの問題であるにもかかわらず、「私が悪いんだ」と自分を否定してしまったことに気づくこと、全てはここから始まります。

25ページでも「ここで大切なのは『自己受容できていない自分がいる』ことに気づくことです」「完璧な自己受容は、なかなかできない」とお伝えしました。「私は自己受容できているから大丈夫」という人がいれば、そちらのほうが心配です。

「自分自身やまわりの物事を否定的な目で見ていないか」気をつけながら、7つの質問を定期的に繰り返してみてください。1週間に一度でも、1ヶ月に一度でも、1年に一度でも、自分の心が不安定になったときに問い直してみましょう。

自己受容できていない自分を「ダメな人間だ」なんて思う必要は、まったくありません。「こんなイヤなことを考えている自分を、自分だと認めたくない」などと考えてしまうこともあるでしょう。**そこを「そんな自分も自分だ」と認めるように意識してみるのです。**

また、最初のうちは、「認めたくないと思ってしまう自分はダメだ」と無意識に自己否定してしまうことも多々あるものです。そんな自分に気がついたら、こちらも意識して自己否定の思いを止めるように心がけましょう。

かといって、「こんなイヤな自分でもいいんだ」と受け容れることともちょっと違います。それでは「いい」「悪い」をジャッジしており、ありのままに受け容れる自己受容ではなく自己肯定になってしまうからです。微妙なニュアンスですが、**「こんな自分でもいい」は自己肯定、「こんな自分もいる」は自己受容**というイメージです。

そうはいってもなかなかむずかしいですよね。そこで次の項目の〝ありのままを受け容れる3つのワーク〟では、自己受容を深める方法について具体的にお伝えします。

ありのままを受け容れる3つのワーク

1 自分をねぎらう

まずは、自分に対するネガティブな感情を認識していきましょう。

紙を1枚用意します。49ページのシート例を参考に、〝自己否定の声〟〝その結果の行動〟〝自分をねぎらう・慰める言葉〟を書き出してみましょう。

POINT

このように自分のことを癒やすことで、心の安全基地が強くなり、自分にエネルギーを与えられるようになります。そうすることで心が満たされていき、ありのままの自分を「いい」「悪い」の判断なしに、すとんと受け容れることができるようになります。

まずはこれまでの傷を癒やすつもりで、自分をいたわってあげましょう。

シート例：自己否定の声

1、子どもが学校へ行けないなんて、母親失格だ
2、ママ友や親戚などに相談できない

シート例：その結果の行動

1、無理やり学校へ行かせようとしてしまう
2、人の目が気になってビクビクしてしまう

シート例：自分をねぎらう・慰める言葉

1、「そうだよね、子どもが学校に行けなかったらダメな親だと思っちゃうよね。でも、これまで子どもを愛して、大事に育ててきたじゃない。だからこそ、そんなふうに思っちゃうんだよね」
2、「まわりの人たちって、みんな悩みがなさそうで順風満帆そうに見えるものだよね。『私のことなんてわかってもらえない』と思うと、なかなか堂々とはできないよね」

ありのままを受け容れる3つのワーク

2 自分の心の声を聴く

ありのままを受け容れられない大きな原因は〝非合理的ビリーフ〟にあります。

〝ビリーフ〟とは思い込み・信念・価値観など、その人ならではの考え方のクセのようなものです。

ビリーフには〝合理的〟〝非合理的〟の2種類があります。前向きな考え方をすることを〝合理的ビリーフ〟、後ろ向きな考え方をすることを〝非合理的ビリーフ〟といいます。

何かに挑戦しようというとき、合理的ビリーフをもつ人は**「挑戦することで必ず何か得られるものがある」「失敗してもまた挑戦すればいい」**と考えます。

これに対し、非合理的ビリーフをもつ人は**「挑戦しても成功することはむずかしいだろう」「失敗したら人に笑われそう」**といった考え方をします。

人はビリーフを通じて出来事を解釈し、そうなるように行動し、実際にその通りの結果を生み出し、ますますそのビリーフを信じるという習性があります。

例えば子どもと話をしたい親が「まずは毎朝『おはよう』と挨拶だけはしよう」と決めたとします。合理的ビリーフをもつ人は、子どもから挨拶が返ってこなかったとしても「今は挨拶する気分ではなかったのかも」と楽観的にとらえ、毎日挨拶を続けていき、子どもから挨拶が返ってきたときに「挨拶できた」「コミュニケーションできるんだ」と信じることができます。

一方で非合理的ビリーフをもつ人は「挨拶なんて返ってこないよ」と考え、実際に返ってこなかったときに「やっぱりね」とあきらめて、「子どもと話なんてできない」とますます思い込むようになります。

子どもが自分の発言を笑っているときに「何か面白かったんだな」と嬉しくなる人がいるのと、「バカにされた」と怒る人がいるのも、このビリーフがあるからです。

もしかしたらあなたも、非合理的ビリーフにとらわれていませんか?

想像してみましょう。ここに、どんな願い事も叶えてくれる魔法のランプがあるとします。

あなたはどんな人生を送りたいと願いますか？　紙を1枚用意し、55ページのシート例を参考にしながら思いつくままに書いてみましょう。

書きながら、「そうは言っても叶うわけないよな」「しょせんは夢物語」などと思ったとしたら、シート例を参考にそう思う理由を書いていきます。

理由を書いたら、隣にそう思ってしまう自分をいたわる言葉を書き足しましょう。

POINT

今は、非合理的ビリーフにとらわれた考え方になってしまっているかもしれません。

ですが、そのことに気づき、その状態を認め、自分自身に癒やしを与えていくことで、非合理的ビリーフはゆるくなっていくものです。

同時に、自己受容も深まっていきます。

やがて、非合理的ビリーフは合理的ビリーフへと変化していきます。

シート例：自分をいたわる言葉

1. 「今は不安かもしれないけど、
この先どうなるかなんて誰にもわからないよ」

2. 「不登校の経験が、逆に子どもを
強くしてくれるかもしれない」

3. 「子どもの問題が解決したら、あなたも前向きに
なって、バリバリ働きたいと思うかもしれない。
そうしたら、お金も貯まるかも！」

4. 「今は夫婦ゲンカを避けるために、
あまり話をしていないだけ。
一度腹を割って話し合ってみたら、
いい方向に変わるかもしれない」

シート例：人生の夢

子どもが元気を取り戻し、学校に通い出す。
社会人になって数年で良きパートナーを見つけ、
まわりと支え合いながら生きていく。
私たち夫婦は「不登校のときは大変だったよね」
などと振り返りながら、二人で旅行などをしながら
穏やかな老後を過ごす。

シート例：夢が叶わないと思う理由

1、不登校の出口が見えない
2、不登校になったぐらいだから、
社会人になったとしてもつまずく出来事が
あったら立ち直れないかもしれない
3、老後をゆったり過ごす金銭的な余裕がない
4、子どもをめぐって夫婦仲がギスギスしている
最中であり、このまま離婚するかもしれない

3

ありのままを受け容れる3つのワーク

心の器をつくる

ありのままの自分を受け容れられるようになってくると、つまり自己受容が深まってくると、「こうあるべき」という自分を縛りつけていた観念が徐々に弱まっていきます。すると比例するかのように、自分を許し、認められるようになってくるので、現実がどうあれ気持ちがラクになり、幸福度も上がっていきます。

子どもに対しても「こうしなさい」「ああしなさい」と言うことも徐々になくなり、子ども自身の気持ちもラクになっていくのです。

心の器づくりのワーク

そのように自分を受け容れられるようになるには、心の中に〝器〟が必要です。

ワークを参考に、心の器づくりのトレーニングを一緒にしていきましょう。

①心の中にネガティブな感情が湧いてきたら、その感情に押し流されないよう、いったんフタをするつもりで深呼吸します。

②気持ちが落ち着いたら、その感情を言葉で表現してみましょう。ポイントは全部出し切ること。紙に書き出すのがおすすめです。

③ネガティブな感情やあなた自身に対するねぎらい・癒やしの言葉を書いていきます。自分にエネルギーを与えてくれる言葉を選べるといいですね。

④癒やしの言葉をかけることでネガティブな感情がゆるんできたのを感じたら、その状態をじっくり味わいます。

⑤味わい切ったら、解放します。味わい切ると、自然と心が解放されていく状態が感じられます。

POINT

ワークを終えたとき、心が解放された状態や、こわばっていた心がゆるんできた状態を、しっかり感じられたでしょうか。

感じられたあなたは、「自分で自分の感情を処理できた」ということです。

それこそが、自己受容なのです。

苦しさやつらさは、日々あなたを襲ってくるかもしれません。そのたびにこのワークを繰り返しやりましょう。自身への否定的な感情から逃げることなく、しっかり認識し、対応します。

その繰り返しによって、心の器は強く大きくなり、自己受容は深められていきます。

一朝一夕にできるものではなく、時間がかかる作業かもしれません。ですが、繰り返すことでじっくりと土台を築き上げていくことが大事です。そうすることで自己受容はより深まり、簡単には揺らぐことのない心の器ができあがっていくのです。

自分を受け容れられると子どもも受け容れられる

数々の心理学の研究では、「自己受容が深まれば深まるほど、幸福度（心の健康度）が高くなる」ということが明らかにされています。

「私は私なんだ」という軸がしっかりするため、気持ちが安定し、おおらかな気分でいられるようになるからです。だからこそ、人と自分を比べて劣等感や優越感を抱くこともなくなります。

また、自己受容が深まるほど他者受容も深まることもわかっています。自己受容と他者受容は比例するのです。

「私は私」と思えるのと同時に「人は人」と認められるため、「人には人の考えがある」ということもすんなり受け容れられるようになります。だからこそ、相手のことを尊重できるし、違う意見をもつ人のことを無理やり変えようとしたり、避けたりといったこともしなくなります。

「私はこう考えるけど、あなたはこう考える人なんだね」と、相手の人格をおもんぱかることができるようになるのです。

ここまで読んで、気づいた人もいらっしゃるかもしれませんね。

そうです、〝他者〟にはあなたのお子さんも含まれます。血がつながった親子であっても、あなたとお子さんは別の人間です。自分が産んだ子どもであっても、考え方やとらえ方がまったく違うことも多々あります。でも、あなたの自己受容が深まることによって、ありのままのお子さんの姿を受容できるようにもなるのです。

自分で自身の心を満たせるようになり、〝私〟という軸をしっかりつくれたあなたは、お子さんからの精神的自立も自然とできるようになっていきます。

お子さんを自分とは違うひとりの人間だと認識でき、その考え方を尊重できるようになるとともに、我が子の未来も信じられるようになっていくことでしょう。

子どもから精神的に自立するには

不登校の解決に向けては、「自己受容を深める」とともに「子どもから精神的な自立をする」ことが大事です。

スイスの精神科医・心理学者であるカール・グスタフ・ユングの〝母親殺し〟という言葉を聞いたことがあるでしょうか。

ユングは人間が心理的に成長していくプロセスにおいて、一人前になるために克服しなければならないテーマを、〝母親殺し〟という言い方で表現しました。もちろん、実際に殺すという意味ではありません。親と子が互いに一人の自立した人間として認め、尊重できるようになることを自立と呼ぶのだとしたら、そうなっていくプロセスにおいて、子ども側が心理的に親殺しをして、親を超えていく（親の考えを否定し、自分の考えで物事を進めていく）経験をすることが必要だというわけです。

もし子どものことを思って、先回りをして行動してしまっているのであれば、一度、子どもに任せて〝親を超える〟チャンスをつくってみてください。そのためには、親自身が「自分は自分、子どもは子ども」という境界線を引く必要があると思うのです。子どもはいずれ、自身の力で生きていかなければなりません。だからこそ、子どもを一人前に自立させていくためには、親が子どもを〝(精神的に)手放す〟ことが必要なのです。

そうでないと、いつまで経っても親は子どもの問題を自身の問題として悩み、常に見守り、先回りして、子どもがつまずかないような行動を取り続けなくてはならなくなってしまいます。

これでは、お子さんが自立することもむずかしいでしょう。

一体感が強い親子の場合、なかなか手放すことができないかもしれませんね。

そんな人におすすめしているのが、〝紙に子どもの名前を書き、くしゃくしゃに丸めて捨てる〟という方法です。

「そんな子どもだましな……」と思われるかもしれませんが、意外と効果的です。ぜひ試してみてください。

子どもを一度「手放す」と決めると、覚悟ができます。すると、考え方が今までとガラッと変わっていきます。

子どもの問題が自身の問題ではなくなっていくので、いちいち悩まなくなりますし、子どもの言動に一喜一憂しなくなります。極端な話のようですが、悩み苦しんでいる不登校の問題でさえもご自身の中で問題ではなくなることも少なくありません。もちろん、「子どもがつまずかないために」という先回りした言動などもなくなっていきます。

子どもとしても、親が精神的に離れたことで自然と自立に向かいます。

はじめは**「見放された」**と感じる子もいたりしますが、それでもやがて自立していきます。**「自分で何とかしないと動かないいんだな」**という気持ちになっていくからです（ちなみに私の場合は、**「むしろ自分を手放してほしい、解放してほしい」**と思っていたタイプでした）。

実際に、これまでカウンセリングをさせていただいてきた親御さんの多くが、お子さんから精神的な自立をすることで変わっていきました。

不登校などの問題も、親御さんの中で問題でなくなっていくことと比例するかのように、目に見える形で解決していく場合も大変多かったです。「親が子どもからの精神的自立を心がけることなく解決したケースはゼロである」といっても過言ではないほど、とても大切なポイントとなります。

子どものケアと自分のケアは並行してやる

第2章で子どものケアの仕方についてお伝えする前に、ぜひ知っておいていただきたいことがあります。

それは、親は子どもにかかりきりになることなく、自分の時間をもってほしいということです。

特に「自分のせいでこうなった」と考えてしまう親御さんの場合、責任感が強いために、子どもをあたたかく見守ることができない傾向にあります。見守ることを「何もしない」「ほったらかしにする」と感じてしまうからです。

「何とかしたい」という思いから、また、人から「子どものために何もしていないんじゃないか」と言われてしまうのが怖くて、あれこれ世話を焼いたり対策を講じたりすることが多いようです。

しかし、これまでの私のカウンセリングの経験から思うことは、こうしたことは逆効果になることがほとんどだということです。

せっかくお子さんからの精神的な自立を果たすために、自身とお子さんの問題を分けて考えようとしているのに、また元に戻ってしまいかねないからです。

子どものことに時間を費やすのではなく、皆さんにはぜひ、自分の好きなことに没頭できる時間ももってほしいのです。

こう伝えると、子どもへの罪悪感や世間体から「できません」とおっしゃる人が大変多いです。

そのような場合には、とりあえず〝気分転換〟の時間をもつことから始めてみるのはいかがでしょうか。お気に入りのカフェで、ゆっくりお茶をするのもいいでしょう。ひとりカラオケで歌いまくってもいいですね。一日のうちほんの1時間でも、子どものことを完全に頭から切り離す時間を意識してもってみるのです。もし留守番が心配な年齢の子どもなら、パートナーや親戚、シッターさんなどに家にいてもらうなど、協力をお願いするといいかと思います。

自身のわずかな楽しみまで我慢してしまうと、エネルギーがどんどんなくなり、苦しさが増す一方になってしまいます。親のイライラや苦しみは子どもにも伝わり、子どもにさらなる苦しみが植えつけられ、解決への道はより遠のいてしまう……。

そんな負のスパイラルに入り込まないためにも、ぜひ一度試してみてくださいね。

気持ちを切り替えたり自分の趣味に取り組んだりすることで、エネルギーがチャージされ、ストレスが減っていきます。気持ちが前向きになるので、自身の悩みも少しだけ軽く感じられるようになっていきます。

親が楽しんでいる姿を見て、はじめは「自分はこんなに苦しんでいるのに！」と腹を立てるお子さんもいるかもしれません。実際に私も、母親が韓流ドラマを見ている姿や友人と笑いながら電話しているところを見て「俺が苦しんでいるのに何なんだよ！」と思ったこともあります。

しかし同じようにお子さんにイライラされることがあっても、できる範囲で大丈夫ですので実践してみてください。はじめのうちはお子さんに楽しんでいる姿を見せないようにするのも、方法のひとつです。子ども側も最初は否定的な態度を示していても、やがて落ち着いていく場合がほとんどです。

私がカウンセリングをさせていただいたお子さんも、**「最初はすごくイヤだったけれど、だんだん『親も楽しんでいるんだから、自分も楽しんでいいんだ』と思えるようになった」**と語っていました。私自身も不登校だった頃、学校へ行けない自分を許せたのは、そのような親の様子を見たことがきっかけでした。

子どもの人生があなたの人生ではないように、あなたの人生はあなたのものです。子どもの反応に一喜一憂したり子どもの顔色をうかがったりし過ぎずに、「楽しむときは思い切り楽しもう」というメリハリをもつことも大事ではないかと思います。

ぜひ、自身の人生も楽しんでください。

仲間探しには注意が必要

気分転換のひとつとして、子どもの不登校に悩む親たちが集うサークルやＳＮＳで〝仲間探し〟をする人も多いかと思います。

その気持ちもよくわかります。お互いに悩みを相談し、解決策を共有したりすることで、安心感を得たくなってしまうのです。苦しい中、頑張っていらっしゃるわけですから当然の心理であり、それ自体悪いことではありません。「悩んでいるのは自分ひとりじゃない」と孤独感から解放されたり、自分の居場所を見つけたりして安心できることは癒やしにもなりますよね。

しかし、そのサークルの中で入会者の序列が発生していたり、サークルへの貢献を求められたりする場合には、早い段階で距離を置いたほうが賢明かもしれません。

サークルには子どもの不登校歴が長い人も短い人もいます。その中で、不登校歴が長く、苦しい状態が続いている人が「不幸マウント」を取り始めたり、「勝手なアドバイス」を押しつけられたりしてしまった結果、苦しむことになってしまったケースも数多く見てきました。また、長くいることで「私も誰かを安心させる人になりたい」と、サークルへの貢献欲が出てきたりもします。実際には自分自身の問題もなかなか解決できていないのに、「私もケアしてもらったから」と一所懸命になってしまったりもするのです。

そうなると本当は自分の子どもに向き合う必要があるのに、サークル活動が大切になってしまうという本末転倒の事態にもなりかねません。

ＳＮＳで不登校の親同士でつながろうとする人も多いですが、時として少し注意が必要となります。最初は安心感や、情報を得られるかもしれませんが、だんだん悩みを話して共感し合うことが楽しみになってしまう人もいます。親の苦しみをつぶやくことでストレスの発散になるなら、まだいいのかもしれませんが、「いいね」などの共感やリツイートを求めるようになったり、子どもへの不満で、見ず知らずの人と盛り上がるようになったりして夢中になってしまう可能性があります。万が一、その姿を子どもに感づかれたら、子どもの親への信頼を一気に失うことにもなってしまいます。

あくまでも「苦しんでいるのは私だけじゃない」ことに気づく、自治体などの情報を得る、そこに留めたほうが健全かもしれません。

第2章

子どものケア
をするときの基本

子どもと接するときの7つのポイント

1 子どもを見る

ここからは、お子さんへの具体的な接し方について考えていきましょう。

自己受容が深まり、お子さんからの精神的な自立ができるようになってくると、お子さんについても〝ありのままの姿〟を受け容れられるようになってきます。

「子どもは相変わらず学校に行かないけれど、以前のように悲しくならなくなった」

「『おはよう』の声に元気がなかったように感じた。けれど、今までのように『何か新しい問題が起きたのかな』などとあせることもなく、『そんな日もあるだろうな』と思えた」

「子どもに対する見方が以前とは変わったのか、子どものちょっとした変化に気づけるようになった」

これらは、私がカウンセリングをさせていただき、自己受容が深まってきた親御さんがお子さんについて話してくださったときの言葉です。

思春期の真っただ中だったり、学校に行けなかったりという時期の子どもの感性は、親が思う以上に研ぎ澄まされています。私も覚えがありますが、うわべだけを取り繕ったような言葉や態度はすぐに見抜きますし、親の変化も敏感に感じ取ります。

親であるあなたが自己受容を深めたことで心が安定し、子どもへの視線や態度も変化してきたとすれば、その様子を子どもは確実に察知します。

今までの自分に向けられていた監視の視線やオロオロしていた態度が消えていくことで、結果として子ども自身の心も安定し、状況が変化していく……。

実は、不登校はこのような流れで解決していくケースも大変多いです。

もちろん、変化は急には起こらない場合もあります。自己受容を深めるのにも、時間が必要なのと一緒です。

はじめのうちは、子どもの元気がないと自分も落ち込んでしまったり、子どもが元気になってくると嬉しくなってしまったりなど、お子さんの様子に一喜一憂することもあるでしょう。

でも、あせらずに、慌てずに。気分が揺らぎ始めたらその気持ちを受け止め、自分自身に癒やしの言葉をかけながら、少しずつ前へ進めるといいですね。

子どもの行動を「いい」「悪い」でジャッジしてしまうようなら、まだ他者受容までできていないことになります（そういった場合には、まずその自分を受容してくださいね）。もし「偉い」「いけない」と判断するような考えが出てくるようなら、「ただ、この行動が起きている」と思うように意識してみてください。

子どもとの接し方で大切になってくるのが、子どもの変化に気づくことです。毎日の挨拶、食事の量、話し方、行動、表情など「変化はないかな」と意識して見ることが気づきにつながります。

子どもと接するときの7つのポイント

2 子どもの話を聞く

友人や仕事相手などとの人間関係がスムーズで「コミュニケーション力が高い」といわれる人でも、親子関係となるとコミュニケーションが良好とはいえないケースは多々あります。

親子間での適切なコミュニケーションの第一歩は、〝子どもの話をぜんぶ聞くこと〟です。

「そんな簡単なこと？」と思われるかもしれませんが、言うは易《やす》く行うは難《かた》し。ほとんどの親御さんは意外とできないものなのです。

その原因のひとつには、〝親が喋り過ぎてしまう〟ことが挙げられます。逆に今まで私がカウンセリングをさせていただいてきた中で、喋り過ぎではない親御さんには会ったことがないと言っても過言ではありません。

「子どもが喋ってくれない」と言う親御さんはたくさんいますが、実は「子どもに喋らせないだけ」といった場合も大変多いです。子どもの言葉が出る前に、自分がどんどん喋ってしまうからです。

子どもが小さい頃から「早く準備しなさい」「早く寝なさい」などと急かすクセがついてしまっていませんか？　子どもが伝えづらそうにしていて、スムーズに言葉が出てこないと、先回りをして「それってこういうこと？」「それで？」と先を急がせてしまったり、お子さんの言い分に納得できなかったり間違っていると感じたりすると、「でもね」「いやいや」と話を遮《さえぎ》って、持論を展開し始めてしまうこともあるでしょう。

家事や仕事で時間に追われて、つい「早く聞きたい」「早く喋ってほしい」と思うこともあると思います。

子どもは話しながら次に話すことを考えていたり、微妙なニュアンスを表現する語《ご》彙《い》を探したり、大人からすると「だから何？」と流してしまう日常のささいなことを大事な話として伝えたりすることもあります。時間がかかって当然なのです。

また、「子どもはこう言っているけど、こうしてほしい」「こちらの判断のほうが正しい」と考えて、子どもの話を遮ってしまう、聞いたとしてもすぐに反論してしまうなど、意見の相違のせいで、話を聞けない場合もあるでしょう。

子どもが話を始めたら、最後まで聞く・先を急かさない・すぐに否定をしないというのは大前提です。

もし子どもと意見が合わないのであれば、お互いが納得するまで話し合うか、いったん結論は保留にして、子どもの気が変わるか、親である自分の気持ちが変わるかを待つことも大切です。

子どもと話すときには、「口を挟まずにぜんぶ聞くこと」と自身に言い聞かせてからのぞんでもいいですね。「そこまでしなくても」と思われるかもしれませんが、〝話をぜんぶ聞く〟ということはそれほどむずかしいのです。

どんなにびっくりするようなことを言われても、まずは「そうなんだ」「そんなふうに考えていたんだ」と受け止めるように意識してみましょう。肯定も否定もせずに、ただ受け止めることを意識するのです。

お子さんの話を遮《さえぎ》らず、先を急がせず、アドバイスもせず、もちろん納得がいかないような表情をしたり否定したりすることもせず、お子さんが今、話したいと考えていることを全て吐き出させることができたらベストかと思います。

あなたが話し始めるのは、子どもが全てを出し切り、かつ、子どもが「お母さん（お父さん）の意見を聞きたい」というサインを出してからでも遅くはありません。

子どもと接するときの7つのポイント

3 子どもと話をする

子どもの話を聞こう、子どもと話をしようと思うと、どうしても「子どもの気持ちを理解しなくちゃ」「納得がいくまで話し合わないと」と意気込んでしまう人も多いかと思います。

実は、子どもの気持ちは理解しなくてもいいんです。むしろ、理解できないものと考えてもいいくらいです。

親子でも物事の考え方・とらえ方・見方はそれぞれまったく違いますし、ましてや親に心を閉ざしてしまった子どもの多くは**「親は自分を理解してくれようとしない」「わかってくれない」**というある種の絶望感を抱えています。

大切なのは子どもを理解することではなく、〝理解しようとする〟ことです。

アメリカの臨床催眠学会の創始者で初代会長も務めた精神科医・心理学者であるミルトン・エリクソンは、次のような言葉を残しています。

「人は、自分の気持ちを理解してくれる人のために変わるのではない。自分のことを理解しようと心がけてくれる人のためだけに、変わろうとするのである」

相手への心がけが大切であると同時に、それほどまでに理解することのむずかしさを感じる言葉だと思いました。

「理解しようとしている」「尊重している」ということを子どもに伝えるためにも、ぜひ実践していただきたい話し方があります。

それは、〝アイメッセージで話す〟ということです。

「アイ（I）」とは「私は」という意味です。「私は」を主語にして話すことで「私はこう思っている」と自分の気持ちを柔らかく伝えられるため、自然と相手にも配慮した話し方になります。これは相手の心（スペース）にも踏み込まない話し方となるので、とても聞きやすくなります。

例１「ここを片づけなさい」
例２「私はここを片づけてもらえると助かるんだけど」

いかがでしょうか。後者のほうが、聞き入れやすいですよね。

「私はこう思う」「私はこう感じる」が、テンプレートです。

普段、「～しなさい」「～しなければいけない」「～するべき」と命令口調で話すことが多い人ほど、ぜひ覚えていただきたいと思います。

また、「まだまだ自己受容もできないし、子どものことも客観視できない」という人も、まずはアイメッセージで会話することを心がけてください。話し方を変えることで、気持ちが変わってくることもあるものです。

そうしたあなたの気持ちの変化は、お子さんにもきっと伝わっていくかと思います。

子どもと接するときの7つのポイント

4 子ども自身に責任ある行動を求める

子どものことを認めようとするあまり、子どもがしたいように一日を過ごさせる、子どもが食事を取らないからと、部屋に食事を届けているという親御さんがいます。

ありのままの子どもを認めるために何をしても許す。子どものために今は放っておく。それは〝ありのまま〟と〝わがまま〟の区別がついていない状態ともいえます。

心理学などでは、存在やあり方のことを「Ｂｅｉｎｇ」、行動や行いを「Ｄｏｉｎｇ」といいます。ここでいう「ありのまま」とは「Ｂｅｉｎｇ（存在）」のことです。Ｂｅｉｎｇ（存在）はありのままでも、適切なＤｏｉｎｇ（行動）を守ることは大切です。

例えば、もし「何もしたくないから」と労働をしなければ、「お金を稼ぐことができない」→「食べていけない」ということになります。「何もしたくない」→「でもお腹が空いた」→「誰かに食べさせてもらう」、これはわがままに該当します。

こうしたＤｏｉｎｇ（行動）の全てを受容する必要はありません。学校で決められた係活動や掃除を「したくない」と言ったとしたら、まわりから「わがままだ」と怒られるし、人間関係も崩れてしまいますよね。実社会で「ありのままがいいから」とルール無視の勝手な生き方ができるわけはありません。決まりやルールに基づいた適切なＤｏｉｎｇが必要です。

子どもが家にいる場合も同じ。最低限のルールを守らせることが大事だと私は考えています。

むしろ、わがまま放題にさせてしまうと、**「家は居心地がいい」「何もしなくても生きていける」**とそのまま引きこもりになって長引いてしまうケースも多いので要注意**です。**

不登校の子どもの場合、昼夜が逆転し、食べっぱなし、散らかしっぱなしというケースも多いかもしれません。

そうした場合、「リビングにいてもいいけど、片づけはきちんとする」「ご飯を食べたら、食器は自分で洗う」といった決まりをつくったりすることも効果的です。〝責任やルールを意識させる関わり方〟を実践するのです。

よく、「どの程度の責任を求めればいいですか？」といった質問をいただきます。これについては、教室の掃除や、給食の準備・後片づけなど、学校生活で求められることと同程度のことを考えればいいかと思います。

また、ルールは押しつけるのではなく、

「私は昼間仕事をしているから、昼ご飯はあなたがつくってほしいんだけど」

「リビングはみんなが使うところだから、汚したり散らかしたりしたらきれいにしてもらいたい」

といったように、きちんと話し合ってつくれたらいいですね。

ただし、うつ病などの症状で心にエネルギーがなくて動くことができない、行動することすらままならない、といったケースがあります。

それは甘えでもわがままでもなく、仕方のない状態だといえます。そういった場合には、責任を問うことでさらに追い込んでしまうことにもなるので、元気かどうかを見極めて判断してください。

具体的な見極め方としては、睡眠や食事など適切な日常生活を過ごせていて、動画やSNS、漫画などを見て笑ったりしている場合には責任を問えるくらいのエネルギーがある可能性が大きいです。

しかし、朝から晩まで部屋から出てこない、カーテンを閉め切った部屋で一人じっとしている、などといった場合には、心にエネルギーがない状態と思われますので、元気になるまであたたかく見守ることも必要かと思います。

5

子どもと接するときの7つのポイント

大切なことはきちんと話し合う

社会人にとって報連相（報告・連絡・相談）は仕事をする上での基本ですが、親子関係にとっても同じように大事なことです。

進学時期などが迫ってくると、否が応でも決断を迫られます。小学校・中学校までは義務教育なので、よほどのことがない限り、公立校での卒業・進学は可能です。

この頃までは、教育費や生活費などのお金の面で子どもに責任ある行動を求める必要はありません。子どもが「学校へは行けないけど、塾に行きたい」「フリースクールに行きたい」と言わない限り、お金の話をするシチュエーションは少ないかと思います。

親子ともに気をつけなくてはいけないのが、高校に進学する場合です。

高校受験では公立校に進む場合は内申点が重視されるため、欠席できる日数が限られてしまいます。

私立校に進むとなると、学校の特色や受験で重視されるポイントも各校で異なります。経済的な問題が絡んでくることも多いと思います。

どちらにしても、願書の提出には期限があります。

進学しないにしても、「卒業後はどう生活していくか」ということを決めていかなければなりませんよね。

「公立校に行くつもりなら、あと○日しか休めないよ。それ以上休んでしまうと私立校に進むしかなくなるから、どうするかを○日までに聞かせてね」

「私立校に進むとなると、入学金や寄付金など公立校とは○万円ぐらい変わる。うちの今の経済状況では○万円を出すのがやっとだから、××校か△△校のどちらかになるけど、どうする?」

「××校と△△校では受験方法も違うけど、どちらが向いていると思う?」

「もし進学しないでこのまま家で生活するなら、生活費を入れてほしい。どんな仕事をしたいとか、考えていることはある?」

こうした大切なことは暗黙の了解で済ませることなく、期限を決めてきちんと話し合いましょう。

もし、子どもとの関係がこじれて話ができない状態にある場合は、手紙やメールでのやりとりでもかまいませんので曖昧にせず向き合いましょう。

その際は、「◯日に決めないと、××する方法しかなくなるよ」と結果や責任とあわせて伝えることが必要です。ここをうやむやにしてしまうと、ずるずるとそのまま引きこもり生活に入ってしまいかねないからです。

社会生活を送るにあたって、〝いつまでに〟〝何をやらなくてはいけない〟という期限はつきものです。ですから学生の年齢のときに時間と期限を意識させ、身につけることはとても大切なこととなります。学校へ行っていたりアルバイトをしたりしていれば自然と身につくものなのですが、不登校で家にいて社会に関わることが少なくなっていくと、その感覚も一緒になくなってしまうケースが大変多いです。

たとえ今はそのままにできたとしても、社会に出たら自分の行動に対する結果や責任は必ずついて回るものですので、子どもの自立の訓練だと思って、伝える必要のあることはしっかり伝えていくといいと思います。

6 子どもと接するときの7つのポイント
心を閉ざした子どもに対しては

子どもが心を閉ざしてしまって部屋からぜんぜん出てこなかったり、昼夜が逆転した生活を送っていてほとんど親と顔を合わせなかったりといったケースは、不登校中の子どもにはとても多いものです。

親とは話をしようともしないのに、SNSで知り合った人などとは普通に笑いながら話す様子などを目《ま》の当たりにすると、余計に「なんで!?」という思いが強くなってしまいますよね。

親が自己受容を実践して身についていれば、そうした状況もある程度受け容れながら対応ができるのですが、まだその段階にまで至っていない場合には、あせって事を起こそうとしないことが大切です。

「いつまでこんな生活をしているつもり!?」「いい加減にしなさい!」と問い詰めたり怒ったりしてもこちらの気持ちは伝わらず、逆効果となってしまいます。

子どもが心を閉ざしてしまった背景には、往々にして「親に言ってもわかってもらえない」という気持ちがあります。

小さい頃から「ああしなさい」「こうしなさい」と言われて育ってきた。親の思う通りの行動をしたときや、親の理想の結果を出したときだけ褒められる。自分の気持ちを話そうとしても、きちんと聞いてもらえない。もしくは、否定・反対される。

親にとって子どもは、いつまで経っても子どもかもしれません。しかし、こういう時間を長く過ごしてきた子どもが思春期を迎えると**「自分は親の所有物じゃない」「親は親、自分は自分だ」**という思いが芽生えて不満を感じるようになります。そして、そんな子どもの思いは切実なのだと思います。

また、子どもの目線や感覚からすると**「少しずつ小さな反抗や主張を繰り返してもムダだったから、心を閉ざした」**というプロセスを経てそうなっていった経緯があります。ところが、良かれと思って無意識に子どもを理想へ近づけようと育てていた親には、その経緯がなかなか見えません。そのために「ある日突然、心を閉ざされた」ように感じてしまって戸惑う人も大変多いようです。

でも、あなたはあなたなりに愛をもって必死に子育てをされてきたことは紛れもない事実なのですから、自分を責めたり自己否定をしたりしないでくださいね。

子どもが心を閉ざしたときの対応も、やはり基本は〝自己受容〟です。

親がまず自身のことをありのままに受容し、子どもが心を閉ざしてしまったという状況も認めた上で話ができれば、子どもにも伝わりやすくなります。

そのときは、

・子どもの話を遮ることなく、最後まで聞く
・話の途中でアドバイスをしたり、否定的なことを言ったりしない
・「私はあなたの気持ちを話してほしい」とアイメッセージで話す

という基本を意識してくださいね。

子どもと接するときの7つのポイント

7 子どもが暴力をふるう場合には

思春期は成長ホルモンや性ホルモンの分泌が盛んになるため、イライラしたり攻撃的な衝動が高まったりするお子さんも多いです。

衝動的な怒りから壁に穴を開けたり、物を壊したりといった行為は、不登校であるなしにかかわらず、男の子ではよくあるケースです。女の子の場合でも、物を壊すまでいかないとしても、「イライラして本を床に叩きつけた」などの経験がある人も多いのではないでしょうか。

ですが、暴力となると話は変わってきます。暴力をふるうパターンは、大きく分けると3つほどあります。

1つめは〝限界のサイン〟。

親にあれこれ口うるさく言われ過ぎたりプレッシャーをかけられたりして、**「もう**

耐えられない！」となったときに思わず手が出てしまうパターンです。

2つめは"願望を通すため"。

1つめと似ていますが、ずっとゲームばかりの子どもを見かねて注意したときなどに、**「まだ続けたい」**といった意思表示として思わず手を出してしまうパターンです。

3つめは、最初のきっかけが何であれ"慢性的に暴力をふるってしまう"。

最初は突発的に手が出てしまったとしても、親が怖気づいて黙る姿を見て**「こうすればいいんだ」**と味を占めてしまって、継続的に手を出すようになっているケースです。

1つめと2つめのように「つい」という場合は、本人も自分でびっくりして落ち込んでしまったり自分を責めてしまったりすることもあるので、しばらく様子を見てもいいかもしれません。

慢性的になっている場合は本人も「暴力が当たり前」となっている状態ですので、家族だけでの解決はむずかしいこともあります。そのような場合にはとにかく〝ひとりで抱え込まない〟ことが大切です。

そのような場合にはまず、親側が家を出るなど、物理的に距離を置いてもいいと思います。そして、必要を感じれば、ためらうことなく第三者の助けを借りましょう。

まずは自治体の機関を活用することも有効かと思います。各自治体では不登校や引きこもりの家庭についてある程度把握しており、訪問員や相談員などがさまざまな支援を行っていますので、そういった立場の人に相談することもできます。また、同じく各自治体に設置されているＤＶ相談窓口に連絡する方法もあります（子どもとはいえ暴力をふるうのであれば、それはＤＶにあたります）。

世間体や人目が気になってためらってしまう人も多いとは思います。しかし度を越した暴力を受けている場合には命の危険を招きかねません。専門知識をもったプロを頼ることが解決への近道になる場合もあるということも、知っておいてください。

学校に行けない子どもにはいつも葛藤がある

不登校の子どもには、何かしらの原因があります。ただその原因が何なのか、学校に行きたくない本人ですら気づいていない・わからないことも多々あるため、原因探しはとてもやっかいです。

親ともっと一緒にいたいのかもしれないし、コンプレックスがあるかもしれないし、人間関係のトラブルに巻き込まれている可能性もあります。また、「何をもって原因と判断するのか？」といった根本的な問題もあります。

ただ、どんな原因が隠れていようと、その子自身に大きな悩みや葛藤があることは多くのお子さんに共通することです。不登校の子どもでも、引きこもりの子どもでも、その多くが心の中にそういったものを抱えています。

悩んで悩んで、葛藤して葛藤して。

「人間なんて何十億もいるんだから、特定の人にこだわるのはやめよう」

「もう少しでクラス替えだから、それまでの辛抱だ」

「こんなことに興味をもったから、もっと突き詰めてみたい」

結果、このように自分の中で自分の気持ちにケリがつくと、気持ちがだんだんと上がっていきます。

このプロセスを経て解決していったお子さんを、私はたくさん見てきました。

つまり、「悩み切ること」もすごく大事なんです。

ところが、不登校や引きこもりが長引いてしまうケースでは、無意識に親が悩ませない関わり方をしてしまっている場合が多いのです。

先回りして「こうしてみる？」と世話を焼いてみたり、「高校ぐらい出ておかないと未来はないぞ」と追い込むようなことを言ってしまったり、ただただオロオロしてしまったり。親の立場としては、「今まであんなに元気だったのに、いきなりどうしたの？」と心配でたまらなくなっているわけですから、それは仕方のないことなのだと思います。

しかし、子どもからしてみれば、**「学校に行かない間に悩んで、自分と向き合おうとしているのに、なんで口を出してくるんだ」「これじゃや、自分のことを考える時間がない」**と、怒りがだんだん増幅してしまうことにもつながります。

私の場合もそうでした。

不登校になった最初のうちこそ、**「学校に行けない自分はダメなヤツだ」**と感じており、親に対しても学校に行かないことへの申し訳なさを感じていました。

しかし、毎日のように「なんで行かないんだ」「みんなは普通に行っているのに」などと言われるうちに、**「なんで俺のことをわかろうとしてくれないんだ」「放っておいてほしい」「俺が苦しんでいることよりも、世間体のほうが大事なのか」**という怒りが強くなっていきました。

ですから、ぜひ親御さんには自己受容を深め、同時に他者受容によってお子さんのありのままを受け容れるように意識していただきたいと思うのです。

そうすることで、子どもは「**自分を受け容れてくれた**」と感じ、自分と向き合うことができ、元々の悩みについてじっくりと考え、次第に立ち上がっていきます。

転んでも、立ち上がれるときがくるのだと思います。

アメリカの哲学者であるラルフ・ワルド・エマーソンは「子どもを尊重せよ。あまり親面をするな。子どもの孤独に踏み込むな」との言葉を残しています。

日本の心理学者である河合隼雄さんも「だいたい子どもというものは『親の目が届かないところ』で育っていくもの」と語っています。

お子さんにとっての〝回復〟〝ゴール〟は、あなたが当初描いていた理想の解決とはまるで違うものになるかもしれません。

しかし、我が子から精神的な自立を果たし、子どものありのままを認められるようになることで、我が子の重荷ではなく、今度はきっと背中を押してあげられる存在に自然と変わっていくことでしょう。

第3章

集団タイプ・個人タイプの子どもたち

人は集団タイプと個人タイプに分かれる

自分の子どもを理解するときに、「集団タイプなのか」「個人タイプなのか」子どものタイプを知っておくことで、「どんなことが自分の子どもに合っているのか」を理解する手がかりになります。また、「自分は集団タイプなのに、子どもは個人タイプらしい」とわかると「私はこう考えていたけど、子どもは違う考えをもっているかもしれない」と気づくことができるので、適切な関わり方ができるようになります。

実は、不登校の親子でモメやすいのは〝親と子どもで、もって生まれた気質のタイプがまったく違う〟場合が大変多いです。それぞれのタイプを理解するだけでも、相手の主張や現状に対する受け容れやすさが大きく変わります。

まずは、あなた自身がどちらのタイプなのか、調べてみましょう。

判断の仕方としては、普段のスタンスや、何かに取り組むときに「集団でいることが好きか」「個人でいることが好きか」ということで決まります。

ただ、「基本的にはひとりが好きだけど、誰かと遊びに行きたいときもある」「みんなで協力して作業していきたいけど、ひとりで作業するのもできなくはない」など、どちらの要素も兼ねている場合があります。

104ページからのチェックシートを使って「どちらかといえば自分はこちらかな」などと自問しつつ、調べてみましょう。


その次は、106ページからのチェックシートを参考に、あなたのお子さんがどちらのタイプなのか、調べてみてください。

こちらはお子さんの様子を見ながら判断することなので、「みんなと一緒に何かをするのは好きみたいだけど、なじめなくてひとりでいる」といった場合もあります。

あくまで基準のひとつですので、決めつけることなく「うちの子はどっちかというと○○タイプかな」くらいの認識で大丈夫です。

個人タイプ

チェックシート（自分に当てはまるものをチェック）

- □ ひとりで集中して作業を進めたい
- □ 我慢するくらいなら、自分の意見を伝える
- □ ルールや決まりは状況に応じて変えてもいいと思う
- □ 「これは私の仕事」「これはあなたの仕事」と割り切ることができる
- □ 「子どもには子どもの人生がある」と任せることが多い
- □ 子どもが集団行動できなかったり、人と違う選択をしてもあまり気にならない

集団タイプ

チェックシート（自分に当てはまるものをチェック）

- □ みんなで協力をして取り組むことにやりがいを感じる
- □ なるべくモメたり、輪を乱すようなことは避けたい
- □ ルールや決まりを守る意識が高い
- □ 「誰かに迷惑をかけてはいけない」とひとりで頑張りがち
- □ 自分の子どもにもルールに厳しくしてしまうことがある
- □ 子どもに対しても、できればみんなの輪の中に入ってほしい

個人タイプ

チェックシート（お子さんの様子をチェック）

- ☐ 我が道を行く傾向にある
- ☐ わりと自己主張が強い
- ☐ 慣例やルール、親の言うことなどに対し、「納得いかない」と感じたときは反発する
- ☐ 我慢することが不得意
- ☐ 「自分は自分、人は人」と考える
- ☐ 大多数と違うものを好んだり違う方向へ向かうことも多い
- ☐ 独自性に価値を見いだす
- ☐ こだわりが強く好きなこと・苦手なことがはっきりしている

集団タイプ

チェックシート（お子さんの様子をチェック）

- □ 学校で大きな問題を起こしてこなかった
- □ どちらかというと目立つことを好まない
- □ 自己主張をし過ぎない
- □ 慣例やルール、親の言うことを比較的素直に聞き入れる
- □ わりと我慢強い
- □「普通」「人並み」「人と同じ」であることを求めがち
- □ 比較的人の意見や話を素直に聞く
- □ 変わったことを求めず安定志向

集団タイプの親と個人タイプの親について

集団タイプの親は、〝個人〟よりも〝集団〟のほうに価値を置き、優先する傾向にあります。また「他者に後ろ指をさされてはいけない」といった意識の強い人がとても多いです。「べき」「ねば」といった規範の意識が強いため、私は〝規範型〟という呼び方もしています。集団の輪を乱さないことや定められたルールを守ることが正しいことだと信じており、それにメリットを感じたり、安心感を得たりしているため、無意識に子どもにも個人より集団のほうを優先することを求めてしまいます。

ですから、子どもが学校に行けない（集団から抜けてしまう）のも悪いことのように感じてしまい、どうにか行かせよう（集団の輪に戻そう）と考えてしまいます。

「何か原因があるんじゃないか？　それが解消されれば、また学校に行くようになるのでは？」とか、「なんとか、みんなと同じように学校に行けるようにしたい」な

ど と、 復学のために手を尽くしてしまうのはそのためです。

子どもはそんな親に対してプレッシャーを感じ、**「親の言う通りにしたいけど、できない」「親はいつも意見を押しつける」**とふさぎ込んでしまうことがあります。

第1章のありのままを受け容れるワークをしながら、子どもにかまい過ぎないようにしてみてください。少し距離を置くことで、子どもは「思ったことを話してもいいのかな」「今なら落ち着いて話せそうだな」と心を開けるようになります。

その上で、第2章、第3章、第4章と読み進めるのがおすすめです。このように、集団タイプの親御さんにとっては、特に第1章の内容がとても大切になってきます。

個人タイプの親は、どちらかというと〝集団〟よりも〝個〟のほうを優先する傾向にあります。そもそも子どもの不登校に対しても、悩んだりあまり問題意識を感じない人が多いです。無意識に〝個〟であることを優先しているので、大多数の人が所属し従っている集団から抜けることや、レールから外れることへの恐れが、集団タイプよりも小さいからです。

この本を読んでいる個人タイプの人も、子どもの不登校そのものに対して悩むというより、「子どもがふさぎ込んでいて、何を考えているかわからない」「自分であれば悩まないことで、なぜ子どもが悩んでいるのかを理解したい」というように、子どもが立ち上がらないことに対する疑問を抱いている人が多いのではないでしょうか？

個人タイプの親に対して子どもは**「本当は学校に戻りたいけど、親に放っておかれる」（集団タイプ）**、**「うちは親が何も言わないから好きなことができる」（個人タイプ）**などと解釈してしまう傾向にあります。

第2〜第4章の子どもへの理解が大切になってくるので、読み進めながら、実践できるところからやってみましょう。

①親が集団タイプ×子どもが集団タイプの特徴

親子ともに不登校であることに罪悪感や後ろめたさを感じる傾向が強いです。子どもの**「本当は学校に行きたいのに行けない」**という気持ちに寄り添い、どういう人たちが集まっている場所なら過ごしやすいか、一緒に考えられるといいですね。

②親が集団タイプ×子どもが個人タイプの特徴

親が無意識に子どものやりたいことを押さえつけているケースが多いです。あれこれ言う親に対して、子どもとしては**「もう放っておいてほしい」**と思っている場合があります。第4章の〝不登校解決までのステップ〟を参考にしながら、子どもと少し距離を置くように意識をしてみるといいと思います。

③親が個人タイプ×子どもが個人タイプの特徴

お互いに相手への期待や干渉が少ないという点では、いい意味でドライな親子関係といえるパターンです。ただ子どもが**「好き勝手できる」**と勘違いしやすいので、84ページの〝子ども自身に責任ある行動を求める〟を参考にしていただきたいです。

④親が個人タイプ×子どもが集団タイプの特徴

親が子どもに対して「子どもの好きにすればいい」と思っている一方で、子どもは親に対して**「親がかまってくれない」**と感じていることがあります。子どもは不登校という罪悪感から、親に要望や意見を言い出しにくくなっている場合があるので、親のほうから「これからどうしたい？」などと声がけをするといいと思います。

集団タイプ・個人タイプの子どもに共通すること

不登校の子どもには集団タイプ・個人タイプにかかわらず、心の回復までの流れがあります。本書ではその流れを5つのステップにしました。

第3章ではタイプ別に〝子どもの特徴〟〝不登校になったら〟〝学習〟〝社会との関わり〟についてお伝えしていきます。その際に、**心の回復までの流れについて知っておくと「自分の子どもが今どんな状態なのか」を理解しやすくなります。**

詳しくは第4章で説明するので、ここではざっくりと押さえておきましょう。

ステップ1　不登校スタート期

完全に学校に行けなくなったばかりの時期です。子どもの心はとても不安定になっています。

ステップ2　不登校本格期

学校に行かないことが「当たり前」になっている時期です。子どもの心は少しずつ安定してくる一方で「いつまでこの生活が続くんだろう」とまだまだ不安を感じていることが多いでしょう。

ステップ3　落ち着き期

少しずつ、自分のやりたいことや今後の自分について考えられるようになってくる時期です。

ステップ4　過去の清算期

今まで我慢してきたこと、不満に思っていたこと、自分自身の劣等感など、モヤモヤしてきたことを清算しようとする時期です。

ステップ5　回復期

心も生活も安定し、未来に向かって考えたり、行動したりできる時期です。

1 集団タイプの子ども

集団タイプの子どもの特徴

集団タイプの子どもは**「みんなと仲良く、同じように行動する」**ことを大切にしています。反抗したり輪を乱したり、勝手に飛び出したりすることがあまりないので、親や先生にとっては「手のかからない、いい子」「モメ事を起こさない子ども」といったように見えることがほとんどでしょう。

心配なのは、「いい子」でいることに一所懸命になり過ぎてしまう点です。**「本当はクラスから遅れたくないのに、勉強や運動についていけない」「友達とケンカをしてしまった」**など、輪を乱すことや、先生に怒られることに敏感で、挫折をしたり落ち込んだりしたときなどは立ち直るまでに時間が必要な場合も多いです。

集団タイプの子どもにとって学校など所属している集団が、「世界の全て」と言っても過言ではありません。集団タイプの親御さんには理解できるかと思いますが、

「その世界で失敗やトラブルを起こすと集団に所属できなくなってしまう」「追放されてしまう」あるいは**「恥ずかしくて誰にも顔向けできない」**という恐怖と背中合わせの心理をもっています。

2 集団タイプの子どもが不登校になったら

集団タイプの子ども

集団タイプの子どもは無意識に学校など所属している集団やまわりに常に気をくばり、エネルギーを使っています。そのエネルギーが切れたときに不登校に陥ってしまいます。「学校に行けない」ことに誰よりも悩んでいるのは集団タイプの子ども自身です。**「本当は学校に行きたい」「みんなとうまくやっていきたい」**のにできない自分を責めています。

気持ちを立て直した後は、人との関わりを求めて学校など元のレールに戻っていく傾向が強い一方で、休んだぶん、輪の中に戻るハードルが高くなってしまい、引きこもりになるケースもあります。

「誰だって失敗はする」「いつだってやり直せる」「学校以外にだって世界はある」と子どもが心から思えることが、解決への第一歩です。

3 集団タイプの子ども
集団タイプの子どもの学習

集団タイプ・個人タイプにかかわらず、ステップ1の不登校スタート期〜ステップ2の本格期くらいの間は心のバランスが崩れている状態にあり、「勉強をしよう」というエネルギーまではなかなか湧いてきません。

不登校のなり始めであれば、なおさら心配になってしまう気持ちはわかりますが、**この時期は〝気持ちを立て直し、エネルギーを蓄積する期間〟ととらえ、勉強のことはいったんおいておきましょう。**

子どもの気持ちが安定してエネルギーが少しずつ溜まってくると、**「そろそろ動き出したい」**という気持ちが湧いてきます。しかし同時に、これまでの何もしなくてもいい生活に慣れ切ってしまっている場合には、**「面倒くさいな」「今さら戻れないな」「もう我慢したくない」**というネガティブな気持ちも頭をもたげてしまいます。

ネガティブな思いに引っ張られないためにも、ステップ4の過去の清算期のあたりから責任やルールを意識させる関わり方をし、通常運転へ向けた慣らし運転を始めることがポイントになってくるのです。

責任と役割を意識した生活を実践し、生活リズムが整ってくるステップ5の回復期になると、子どもは自ら**「勉強をどうしよう」「学校に戻るにはどうしたらいいのか」「今後のことを検討していきたい」**と考えるようにもなってきます。

いきなり復学しても勉強や周囲についていけず、自信をなくしてしまうこともあります。本人に意欲があれば、保健室登校や図書室登校から始めたり、フリースクールや地域の図書館（自習室で勉強できるほか、自治体によっては不登校児を支援しているケースもあります）に通って勉強する感覚を取り戻すようにしたりしてもいいかもしれません。

いずれにしても集団タイプの子どもの場合、回復後は復学したり、進学したり、別の学校に通い始めたりなど、集団や元のレールに戻ろうとする傾向が強いといえます。

私がカウンセリングをさせていただいてきた集団タイプのお子さんも、その多くが元の道に戻っています。

中には、中学3年の後半から不登校になり、高校へも進学しなかったお子さんもいます。そのお子さんは16歳半ばから予備校へ通い出し、高卒認定資格を取得して現役生と同じタイミングで大学入学を果たしました。

別のお子さんは「高校には行かない」と言ってアルバイトを始めましたが、半年ほど経ったときに「学校へ戻りたい」と思い直し、1年遅れで高校1年生に。今はもう大学を卒業して企業で働いています。

※ざっくりとした不登校スタート期〜心の回復期までのステップについては112ページ〝集団タイプ・個人タイプの子どもに共通すること〟を参考に。流れについてしっかりと知りたい場合は第4章の137ページから読んでみてください。

4
集団タイプの子ども

集団タイプの子どもと社会との関わり

不登校のお子さんに対して勉強と同じくらい心配なのは、「社会に出てから人と関わっていけるのか？」ということかと思います。

結論から言いますと、社会性についてはあまり心配する必要はないのではないかと思います。

そもそもこのタイプは「自分は集団や組織の一員である」という役割を大事に考える傾向にあるため、回復へ向かう段階で自ら居場所を見つけていくケースが多いからです。

親としては、子どもが**「学校に戻りたいけどどうしたらいい？」「今後、どんな進路へ向かったらいいか一緒に考えてほしい」「進学をしたいんだけど、もう遅いかな」**といった相談をしてきたときに、実現できる手立てを一緒に調べ、考えていければいいかと思います。

むしろ集団タイプの子どもで意識する必要があるとすれば、そのままずるずると引きこもりやニートのような方向にいかないようにすることです。

回復するにしたがってエネルギーが徐々に増えていくと、**「また学校へ戻りたい」「そろそろ戻らないと、本当にヤバい」**という考えが湧いてきます。そう思う一方で、**「もう元には戻れないんじゃないか」「今さら学校へ戻っても、クラスのみんなに何を言われるか……」**という不安も湧いてきます。意欲を不安が上回ると、復帰できなくなるケースも多いのです。

ですから、子どもが**「もう1回やり直そう」「新しい道へ進もう」**と一念発起したときは、背中を押してあげることも時として有効かと思います。

子どもが何も言わないのに親のほうから「そろそろこんなことを始めてみたら？」と提案してしまうと、子どもにとってはうっとうしく逆効果になりかねませんが、歩き出そうとした子どもの足を止めてしまうことも、子どもにとっては足枷《かせ》となってしまいます。

私がカウンセリングをさせていただいたお子さんで、次のような実例があります。

そのお子さんは、小学4~5年生の2年間不登校でした。その間にお母さんもさまざまなカウンセリングを受けており、「お子さんのことを尊重してあげてください」「無理に学校に行かせようとしないで」というアドバイスを度々聞かされたそうです。

ある日、6年生になった彼が「学校行ってみようかな」と口にしました。しかし、お母さんはカウンセリングでのアドバイスに従うつもりで「まだ行かなくていいんじゃない?」と言ったそうです。結果、彼はそれ以降も学校へは行かず中学2年生になったところで、私のところへ相談に来られました。

そのときのことをお母さんは「こちらから『学校へ行け』と無理に仕向けなくても、子どもは立ち上がる力をもっているんですよね。『行きたい』という子どもの意欲を尊重していたら……」と口にされていました。

引きこもりやニートの状態が長引くと、なかなか復帰がむずかしくなります。

子どもの自立の芽を摘まないためにも、責任やルールを意識させる関わり方をしていきましょう。

お子さんがエネルギーのある状態かない状態かにもよりますので一概に言えませんが、元気になって自分のことをできる状態なのに毎回部屋まで食事を運ぶなど、子どもにとって家が居心地の良すぎる場所になってしまうと動く理由がなくなってしまいます。既にそうなってしまっている場合やその判断がつかない場合には、もう一度第2章の84ページに戻って、〝ありのまま〟と〝わがまま〟の違いを考えたり、87ページを参考にしながらお子さんがエネルギーのある状態かない状態かを判断したりするといいかもしれませんね。

「なるべく自分のことは自分でさせるように心がける」「実社会へ出る練習のつもりで、家庭のルールを守らせるように意識する」ということを念頭に置いて、日常生活を送ることも大切なポイントとなるかと思います。

1 個人タイプの子ども

個人タイプの子どもの特徴

個人タイプの子どもは他者に合わせたり同じことをしたりするよりも**「自分は何がしたいか、何ができるか」**という自分の気持ちや想いを大切にしています。なかなか意見を曲げない場合も多いので親からは〝わがまま〟や〝頑固〟に見えることも多いかもしれません。だからといって、「人に気をつかえない」「相手の立場で物事を考えられない」ということではなく、**あくまで「自分は自分、人は人」と考えているだけであり、ルールや責任感ももち合わせた上で、人ともきちんとコミュニケーションを取って生活しているケースがほとんどです**（コミュニケーションが得意・不得意ということと集団タイプ・個人タイプは関係しません）。

自分に芯があり、人目よりも自分の興味や欲求に従って即行動に移せるのは、個性であり魅力でもあります。そこを認めて、どう伸ばせるのか、親がまず自分とは違う人間である、ということを認識し理解を示すことが第一歩です。

2 個人タイプの子ども

個人タイプの子どもが不登校になったら

個人タイプの子どもが不登校になる理由は〝自由への抑制〟である場合が多いです。意味を見いだせないことを押しつけられたり、自分のやりたいことに対して、先生やクラスメイトの理解が得られず物理的・精神的に孤独に陥ったりすると**「学校へ行かなくても、やりたいようにやる」**と登校を拒否することがあります。また、自分が生きたい理想と現実を比べてはその狭間で苦しんでエネルギーがなくなり学校へ行けなくなっていく場合もあります。

ここで知っていただきたいことは「ひとりが好き」と「孤独」はまったく違うことです。自分を理解されないことは誰にとっても苦しみになります。個人タイプというと「ひとりが好き」だと思われるかもしれませんが、私がカウンセラーとして多くの方々を見てきた経験では、まったく関係がないように感じています。

集団タイプでもひとりでいる時間が多いほうが好きな人もいれば、個人タイプでも誰かと一緒にいる時間が多いほうが好きな人もいました（ちなみに私は個人タイプですが、人といる時間に幸せを感じやすいタイプです）。

親御さんが個人タイプのお子さんの〝個〟をきちんと受け容れ、尊重した関わり方ができると、気持ちを立て直した後は、〝やりたいこと〟〝目指す姿〟に直結する道を歩み出せる場合も多いです。

漫画や小説を書き始める、自分でビジネスを始める、あるいはユーチューバーのような動画配信を始める、自分の好きなことを主張し始めるなど、親からすると将来の役に立たないように思えるようなことを始めたり、突拍子もない道を望んだりすることもあります。

復学したとしても **「自分の夢や目標に関することが勉強できるから」「資格が必要だから」** という理由で、そこに直結した学校を選ぶことが多いという印象です。

3 個人タイプの子ども

個人タイプの子どもの学習

117ページでもお伝えしましたが、「勉強しよう」という意欲が湧いてくるのは落ち着き期〜回復期くらいになってからであることが多いです。

また、「勉強」というと学校の勉強（教科）を思い浮かべる人も多いかと思いますが、個人タイプにとっての勉強は学校で教わることとは限りません。教科であっても得手不得手がはっきりしており、好きな科目しか勉強しないようなケースも多々あります。

逆に、興味のあることに関しては、自ら進んで調べたり情報を得たりという行動力があります。どちらにしても、親が「勉強しなさい」と言ってもなかなか思い通りにはなりませんし、かえって逆効果になりかねません。

しかしそもそも、学校で学ぶことだけが勉強ではないですよね。辞書を引いてみても〝勉強〟には「①学問や技芸などを学ぶこと」「②物事に精を出すこと。努力すること」「③経験を積むこと」（小学館『大辞泉』より）といった意味が記されています。

はじめは限られたことだけ学んでいたとしても、「さらに深く知りたい」「知らないといけない」という思いから、興味の対象が広がり、多彩な分野についてどんどん知識が深まっていく場合もあります。

うっすらとした知識しかなかった分野でも、ある経験をしたことでその知識や技能がしっかり定着することもあります。

個人タイプである私の場合も、学生時代は英語と数学が大嫌いでした。問題を解くには積み重ねが必要で、一度わからなくなるとその後理解できなくなってしまうからです。

しかし、海外に行って現地の人と接したり外国人の彼女ができたりすることで、英語を自発的に学ぶようになりました。

数学についても、大人になってから心理学を学ぶ中でその延長線上にあった脳科学・量子力学に興味をもったのをきっかけに学び直しました。東大理学部を卒業した友達から教わったり専門書を読んだりセミナーへ行ったりして、自分が満足するレベルまで理解することができました。

もうひとつ〝親から見たら勉強ではないことが多い〟というのも、個人タイプの学習における特徴です。

こちらも私の話ですが、漫画の影響から中学生～高校生のときにはバイク関連の仕事に就きたいと考えていて、毎月バイク雑誌を購読したり整備書を買ってきたりするなどして自分なりに勉強していました。

ところが父は、若い頃バイクに乗っていて事故でひどい目にあったり、部下が下半身不随となってしまったり、まだ10代だった子をバイク事故で失った同僚がいたりなどの経緯から「バイク＝危ない」というイメージをもっていて、まったく賛成はしてもらえませんでした。

当時、父が赴任先で住んでいた宿舎の前を毎週末になると暴走族が走っていて眠れなかったことや、子どもが学校へ行かずバイクに乗っていると親としても世間に顔向けできないという気持ちも大きく影響していたかと思います。

しかし私はそんな父の考えとは裏腹に、理解を示そうとすらしてくれない父に対して怒りをもち、どうにかお金を準備して16歳で免許を取りました。また、後には父が最もイヤがっていた爆音を出すバイクに乗った友人が家に来たりもしていました。もちろん今は、父に憤りも怒りの感情ももっていませんが、相変わらずバイクが好きで大型バイクを所有しています。

いずれにしても個人タイプの場合は何かに興味をもつと自ら動きだすことが多いですし、学び方も柔軟で多様です。特に現代では学校に通うだけでなく、オンラインで学んだり、その道の先輩に教えてもらったりするようなケースが多いです。

まだ目指す方向が決められない子どもの場合でも、さまざまな人の生き様や経験談に触れることで、何かを学ぶきっかけになることも多いです。ノンフィクションの本や映画やドラマなどにたくさん触れることで好奇心を広げていくことも、有効な方法のひとつだと思います。

そうして見つけた道は、親からすると将来へつながらないように見えたり、時には親自身の倫理観からは外れているように感じて心から応援できないことも多いかもしれません。

ですが、いったん受け容れて実現できる方法などを一緒に探っていくうちに、今まで知らなかった子どもの一面を知れたり、親自身の考え方が変わったりといった例も私はこれまでたくさん見てきました。

4 個人タイプの子ども
個人タイプの子どもと社会との関わり

集団タイプが「エネルギーが切れて」不登校に陥る傾向にあるのに対し、個人タイプ（特に思春期頃から）は「**やりたいことがあるのにできない**」というつらさが溜まることで不登校になる傾向にあります。

また、個人タイプは集団タイプから見るとエネルギーに満ちているように見えることも多いです。

「**自分の思う人生を歩みたい**」「**自己実現したい**」**という思いがありつつ、**「**親に認めてもらえない**」という現実に苦しんできたケースが多いため、親が自身を認めてくれたり、葛藤して悩んだ末に突き抜けたりすることによって目の前の壁が消えたときは、前に進んでいくことができます。

「**自分のやりたいことが、自分の責任でできるようになった**」という喜びや解放感が燃料となり、前に向かって走っていけます。

社会性についても、自分が進む上で必要と感じれば自発的に関わっていけますし、「もっとこうしたい」と感じれば、その輪を広げていく行動も取ります。

親の立場からは「社会に出てやっていけるのか」と心配をしてしまうかもしれませんが、子どもが自らの意思で動き出したら、その不安な気持ちはしっかり受容し子どもからの精神的な自立を意識しながら、あたたかく見守るといいと思います。

「これ」と決めたことに対してはバイタリティをもって取り組む場合が多いので、起業したり、組織に所属せずとも自身の腕一本で食べていったり、多様な経験を活かした多岐にわたる活動で生計を立てたり、といったケースも多いようです。

私が10代の頃、カウンセリングを担当してくださった高木裕樹先生も、「元暴走族。そこからセールスマンや美容師として成功した後、キリスト教の牧師になり、今では牧師・カウンセラーとして活動」というユニークな経歴をもっています。

そうした方々の多くは、不登校だった過去を隠そうとはしません。**「不登校は自分にとって必要な時間だった」「あの時期があったから、今の自分がある」**と前向きに振り返る人も多いです（「不良だった」「ギャルだった」といった過去がある場合も同様です）。

親が集団タイプだと、個人タイプの子どもに対しては「いつまで経っても心配が尽きない、手のかかる子ども」と感じてしまうかもしれません。これを始めたと思ったら今度はあちらに手を出し、「自立できた」といえるまでに長い時間がかかる場合もあるでしょう。

そんな姿を見てつい今までのように口出しをしたり世話を焼いたり、先回りをしないためにも、回復期の後は〝親子で物理的な距離を置く〟といった工夫をしてもいいかもしれませんね。

第4章

不登校解決までのステップ

不登校は時間が解決してくれるわけではない

第4章では不登校解決までの過程をステップ別にお伝えしていきますが、その前にひとつ、知っておいていただきたい大前提があります。

〝不登校解決までのステップに時間は関係ない〟ということです。

不登校本格期が何歳くらいで終わるのか、何年で次のステップに進めるのかということは誰にもわかりません。

私は、親が自己受容を実践し、ありのままを受け容れ、子どもからの精神的自立ができれば、自然とステップを進めていけると感じています。「子どもがステップ通りに進んでくれない」とモヤモヤするような場合には、改めて第1章から振り返ってみてください。

どのステップも、子どもの心の変化をわかりやすく言葉に変換して伝えているにすぎません。親からの干渉がなくなることで落ち着く場合もあれば、何年もトラウマのように自己否定を繰り返す子どももいます。ステップを一段飛ばす子もいます。親から見たら「うちの子は落ち着き期なんて来なかった」と感じる場合もあるでしょう。

ですので、次のステップに進むことを「いいこと」、いつまでも好き勝手することを「悪いこと」と判断することはできないのです。

私は、学校を卒業することや復学することを〝解決〟だとはとらえていません。これまで数万件に及ぶご相談をさせていただき、今も毎日相談が届いている私にとって不登校や引きこもりの解決の定義は、子ども自身が自分の力で生きていけるようになることであり、その力を養っていくことです。

それこそが〝解決〟だと考えています。もちろん子ども自身が「学校へ戻りたい」と考えていたり「進学したい」と望んでいたりするのであれば、精一杯応援をしていいと思います。

しかし、ルールに厳しい教育現場や、校則の厳しい学校に合わないタイプもいますし、やりたいことをするのに学校が必要ない場合や学校の勉強を望まないお子さんもいるでしょう。

そういったケースにおいて〝子どもが学校へ行くこと〟を解決の定義として考えていると、子どもが親の望んだ通りにならない限り、どこまでいっても解決は起こり得ないことになってしまいます。

そして私は、負のスパイラルに陥って改善・解決に至らないケースをたくさん見てきました（そういった状態からも解決はしていきますのでご安心くださいね）。

このような経緯から私は「学校に行くか・行かないか」はどちらでもかまわないと考えるようになり、子ども自身が自分で生きていく力を養っていくことが大切だと思うようになっていきました。また、親や学校の先生からは「高校くらいは卒業していないと将来苦労することになる」と聞かされていましたが、自身の体験とカウンセラーとしての経験から、学校を卒業していなくても、社会の中で生活を営み、幸せに生きていくことはできるのだということもわかりました。

この章を読む親御さんにも、改めてご自身が考える「解決とは何か？」を見つめながら読み進めていただきたいです。

ステップ❶ 不登校スタート期

子どもの様子

「学校に行きたくない」と言われて何日か休ませている間に、完全に学校に行けなくなってしまったときや、たまに保健室登校や別室登校をするものの、通常の授業が受けられない状態のときを不登校スタート期とします。

この時期は子どもの気持ちが不安定で、イライラしたり、ふさぎ込んだりしている場合が多いです。

普段おとなしい子でもイライラした口調で「うるさい！」「自分のことは放っておいて！」など、親から見れば暴言ととれるような言葉を吐くことがあったり、物に当たったりすることもあるかもしれません。男の子だったら壁を殴ったり、女の子でも物を投げたり、ノートを破いたりするケースもあります。爆発した感情や、今まで溜まったストレスをどこに、どうやってぶつけたらいいのかわからないのです。

あるいは、学校に行けないことに対する罪悪感・無力感などによる自己否定で頭がいっぱいになっている子どももいます。元気なように見えても親から「そろそろ学校に行かないの?」と言われないかおびえながら過ごしていたり、自己否定の念から世間の目にビクビクしたりしていることもあります。

体の変化としては、朝起きられなくなったり、食欲が急に増えたり減ったりといったようなことがあらわれたりもします。この時期に無理やり起こしたり、食事を取らせようとしたりした結果、逆効果となってしまったケースをたくさん見てきました。まだ気力も体力も残っているので、親から見れば暴言ととれるような言葉を吐くことがあったり、全力で反抗したりすることもあります。

■集団タイプの子どもの例

・普段よく話すタイプの子どもの場合、「学校へ戻らなければいけない理由」や「戻りたいけど戻れない」といった発言をする

・輪を乱したことや、悪い意味で目立ってしまった自分を責めているように見受けられる

・回復し元気になってくると、学校へ戻りたいといった発言をしたり「不登校だったけど進学したい」と言ったりする場合も多い

■個人タイプの子どもの例

・「学校に行きたくない」「学校がしんどい」などと、わりとはっきりと意思表示する

・発言から、学校のルールに縛られることが耐えられなくなって学校へ行けなくなっていることが見受けられる

・髪を染めたり、派手なファッションをしたり、見た目に変化があらわれやすい

ステップ❶ 不登校スタート期
親の対応

今まで休み休みでも学校へ行っていた子どもが「もう学校へ行かない」「行かないんだから、毎日行くかどうか聞かないで」と言ってきたら、あるいはいきなり「うるさい」「ほっといて」とコミュニケーション自体を拒否してきたら、親としては驚いてどうしたらいいかわからなくなってしまう人が多いでしょう。

もしくは、「まだ初期段階だから話せばわかる」と理由を聞き出そうとしたり、学校に行かせようとしたり、あの手この手で子どもにアプローチをしてしまう人もいるかと思います。

しかし、この時期のアプローチは受容的なもの以外は子どもにとって**「うっとうしい」ものであり、「存在を否定されている」「苦しい気持ちをわかってもらえない」と感じられてしまうことがほとんどです。**スタート期の関わりで子どもを追い込んでしまってコミュニケーションが取れなくなったり、子どもの親に対する信頼の残高がなくなっていったりする場合も多いです。

この時期は、子どもの行動も気持ちもとても不安定で、反応についても一人ひとり違います。


もし子どもから、学校に行きたくない理由や、これからこうしてほしいという要望を言ってきた場合は、77ページの〝子どもの話を聞く〟を参考に、子どもの話を最後まで聞いた上で、親ができることは何なのか、子どもと一緒に話し合ってみましょう。


親ができることについて、正解・不正解はありません。ただ、親がしてあげたいことと、子どもが親にしてほしいことが違うときもあるでしょう。この段階では、子どもが親にしてほしいことで、自分のできそうなことをしてみましょう。

この段階では〝勉強〟や〝責任ある行動〟はまだ考えなくてもいいかもしれません。子どもがどうしたいのかを優先していただきたいです。

子どもが気持ちの整理をしたがっているようなら、24ページからの〝心のモヤモヤを整理する7つの質問〟を子どもに投げかけて、一緒に考えたり、ひとりにしてノートに書いてもらったりしてもいいでしょう。

これはどの段階であっても、子どもが自分の気持ちの整理をしたいと伝えてきたときには、すすめてみてください。ただし、子どもがイヤそうにしていたら、無理にやらせる必要はありません。

スタート期で、もし何のコミュニケーションも取りたくなさそうにしていたら、今は見守りの段階です。どうしても伝えたいことがあれば、意識してアイメッセージで伝えるか、踏み込み過ぎずあくまで提案をする程度に留めてください。この場合においてそれを聞き入れるか・聞き入れないかの選択は子どもが行うので、たとえ聞き入れられなくても、叱ったりショックを受けたりはしないでください。

物に当たったり物を壊したりという行為があったら、親としては心配でしょう。しかし、物に当たる行為自体、思春期にはよくある行動でもあるので、度を越していない場合にはあまり心配し過ぎなくてもいいのではないかと私は考えています（もしかしたら親であるあなたも子ども時代に経験されているかもしれませんし、私も私の多くの友人知人たちも通ってきた道です）。

どうしても困る場合は否定するのではなく「クッションを投げてみない？」「サンドバッグを買ってあげるからそれにしてみない？」と提案してみてもいいかもしれません。「この範囲ならやってもいい」と提示することで、子どもの気が済むまで発散できることもありますし、理解を示されたことで親の愛や想いが伝わって関係が改善されたケースもあります。

とはいえ、親への信頼の残高が貯まっていない限り、その提案を素直にきく子どもはほとんどいないでしょう。「そうせざるを得ない時期が過ぎればやめるだろう」「子どもだって自分で稼いで買ったものには、むやみやたらと壊すようなことはしない」とあまりにも度が過ぎていない場合には長い目で見ることも大切なポイントです。

NG行動としては、次の3つです。

・子どもを否定すること（学校に行かないことを叱るなど）
・子どもを脅すこと（「ちゃんとした大人になれない」「今のままでは将来が危ない」「ダメ人間になる」など）
・無理やりコミュニケーションを取ろうとすること（理由を聞き出そうとするなど）

このようなことをしてしまいそうになったら、第1章の〝心のモヤモヤを整理する7つの質問〟と〝ありのままを受け容れる3つのワーク〟で自己受容を深めてみてください。

個人タイプの子どもだと、はっきりと「行きたくない（行けない）」と自分の気持ちを主張することもあります。ステップ3を除く1・2・4・5段階のほとんどで自分を主張することも、個人タイプの特徴に当てはまります。

また、行動力があるので、いきなり髪を染めたり服装が変わったり、「今のままではイヤだ」と見た目や態度で主張することもあります。

集団タイプの親×個人タイプの子どもだと、親の目線では理解できない行動（奇行）の数々に見えることも多いかもしれません。実際、「子どもを宇宙人のように感じていました」とおっしゃる親御さんもいらっしゃいましたし、私も母から「お前は想像もつかない範疇外《はんちゅうがい》なことばかりする」といつも言われていました。

何とかして元に戻したいと思う親御さんの気持ちはよくわかります。

これまで我が子の幸せを願い、愛情を注いで育ててきたわけですから、そう思われるのもある意味当然なことなのだと思います。

しかし今は、親が「この子は変わってしまった」と思えるぐらい、子どもにとってはつらい時期でもあります。同時に、これから自立するために不可欠な時期でもあります。

思春期・反抗期の子どもは不登校でなくとも強い否定のエネルギーを発揮することが多々あります。親や先生など大人から教えられてきたことが正しいのか・間違っているのか、自分の生き方に合うのか・合わないのかを自分の頭で考え始めるわけです。そしてこの否定のエネルギーなしでは、まわりに与えられた教えの呪縛から抜け出せないのだと思います。

否定のエネルギーを発揮することによって、これまで教えられ信じ込んでいたことと距離を置けるようになると、自分の頭で「どのような人生を生きたいのか」を考えることができるようになっていきます。もがき葛藤する期間を経て、自分の生き方や考え方を確立していくわけです。

繰り返しになりますが、子どもの気持ちを全て理解する必要はありません。同じように不登校を経験していなければ理解できないのも当然です。

親の立場としては、この期間こそが自己受容を深めるいいタイミングになるかと思います。

特にこの時期は、あなた自身の現状や感情も、子どもが学校へ行けていない現実もいい・悪いの判断をすることなく、ただありのままを受け容れ、あたたかく見守るように心がけてみてください。

時間がかかってしまうのは、当然のことです。これまでしてこなかったわけですからすぐにできなくてもいいのです。

先を急がず、ご自身の心を安定させることに努めていきましょう。

ステップ❷　不登校本格期

子どもの様子

学校に行かないことが、子どもにとって「当たり前」の感覚になってきたときを不登校本格期とします。親からすると「学校に行く・行かない」でモメることに疲れたり、学校とのやりとりがイヤになったりしてくる時期になるかもしれません。

親からの「学校に行ってほしい」「学校に行きなさい」という圧を感じなくなることで、子どもの心は徐々に安定していきます。とはいえ、まだまだ親や学校に対して不信感を高めている場合も多いので注意して見る必要もあります。

この時期は、親にとって迷惑になるようなことをわざとして親を試したり、「○○してくれないと××する」と親を脅すようなことを言ったりする子もいました。

特に個人タイプの子どもは、学校という制約がなくなったぶん、**「こんなことをしてもいいのか？」「自分は受け容れてもらえるのか？」**と、親が思いつかないようなな突拍子もない行動に出たりする傾向にあります。

このように親を試したり、脅すような言葉を発したりすることが、必ずしも良くない兆候だとも限りません。怒りに任せて発しているケースもありますが、コミュニケーションを取ろうとするアクションだというケースもあるからです。

すぐに「わかった、言う通りにする」「ダメに決まっているでしょ」と二択で反応しなくてもいいと思います。

まずは、「そうなんだ」と受け止め、なぜそうしてほしいと思うのかを話してくれた場合には、話し終えるまで口を挟まずに全て聞き切りましょう。

とはいえ、まだこの状態ではそこまで話してくれるケースも少ないです。その場合はいったん話しを受け止め、話し終わったと感じたら、決して子どもの発言を否定することはなく、「私はこう思うんだけど」とアイメッセージで親としての考えを伝えてみてください。

脅しに屈するとか屈しないとかではなく、**「親が自分の言うことに耳を傾けてくれた」**という事実とその態度が子どもへ伝わり、安心感や親を見直していくことにもつながるのです。

昼夜逆転の生活になる、過食が続く、逆に何も食べなくなるなど、睡眠や食事の生活スタイルがかなり乱れてくる子が出てくるのも、この時期の特徴のひとつでもあります。

一方、今までよりもおとなしくなって、ネガティブな言葉を発しなくなったり、親に反抗的な態度を取らなくなったりする子もいますが、それが必ずしも心の安定につながっているとはいえない場合もあります。

「自分の気持ちを話したところでどうせ否定される」「わかってもらえない」という思いがどんどん強まり、**「話しても仕方ない」**という境地に達してしまっている可能性もあるからです。つまり、〝親への信頼〟の残高がどんどん減り、ゼロになってしまっている状況ともいえます。

とにかくこの時期は、どんな行動をするのか、どんな感情を抱いているのか、子どもによって異なります。しかし**「今の自分を受け容れてもらいたい」「苦しい気持ちや葛藤を理解してほしい」**という思いは、どんな子どもの心の根底にもあるのです。

■集団タイプの子どもの例

- 学校へ行かないことが当たり前になってきている
- 以前ほど親に暴言を吐くことがなくなった
- 現実から逃げるようにゲームやパソコン・スマホ、動画視聴などをずっとしている
- 学校へ行けていないことに罪悪感があるため、学校の話をイヤがる

■個人タイプの子どもの例

- イライラしているように見受けられる
- 物に当たったり壊したりするなど、感情を高ぶらせている
- ゲームやパソコン・スマホ、動画視聴、漫画・読書などをするにも本人なりの意思があり、意味を求めてしている
- 「〜してほしい」などと欲求や願望を口にする

ステップ❷ 不登校本格期
親の対応

子どものことでモヤモヤしたり、復学させようとあれこれ働きかけていたりするようなら、いったん子どもから離れて、66ページ〝子どものケアと自分のケアは並行してやる〟のような、自分のための行動もしてみましょう。

第1章の〝心のモヤモヤを整理する7つの質問〟や〝ありのままを受け容れる3つのワーク〟は、子どもがどの段階であっても定期的に継続していただきたいことですが、それとは別に〝自分が楽しいと思えること〟や〝リフレッシュできること〟をする時間もつくっていただきたいです。

なぜなら、そんな親の姿を見て、子どもが「自分も楽しんでいいんだ」「気分転換をしてもいいんだ」と思えるからです。それがステップ3につながります。

「仕事が忙しい」「家事に追われている」「その上、子どもが不登校」と、気が休まらない親御さんも多いことでしょう。だからこそ〝子どものための時間〟を少しだけでもいいので〝自分のための時間〟にわけてあげてみてください。

この時期は**「自分のことを認めてもらえない」「理解してもらえない」**というもどかしさから、言動がエスカレートする子もいます。個人タイプの子どもにありがちな感情の高ぶりや大音量でのゲームなども、そうした主張の一環でしょう。

もどかしさや悔しさだけでなく、**「なんでわかってくれないんだ」**という親への怒りが加わっていることも多いです。わざと窓を開けて、近所に聞こえるような音を出したり、顔は合わせないのに床を強く踏みつけるなどしてドンドンと音を出したりすることもありますが、それはそのためです。「親は世間体やまわりの目を気にする」とわかっているため、**「親を困らせたい」**という気持ちがあったり、**「それだけ自分は苦しいのだ」**とわかってほしいのです。

子どもは子どもなりに、今まで親の言いつけを守ってきていて、それなのにとても息苦しい状態に陥っています。**もしかしたら、親も気づかないうちに押しつけてしまっていた親の価値観や考え方が負担となって積み重なっているのかもしれません。**

親には自分のことをわかってもらえそうにないし、かといって親の言いなりにもなれない。**「これ以上、どうしていいかわからない」「自分のやりたいことや望んでいることを理解されたい」**という葛藤や苦しみや悩みが、荒々しい言動につながってしまっている場合も多いです。

親としては、本格的に自己受容を実践し、さらに子どもからの精神的な自立が必要な時期に来ているといえます。

今まで「話せばわかる」「自分の働きかけで子どもは変わる」と信じていた親御さんの中には、子どもが学校に行かないことが当たり前になった今の段階で「もうどうにもならない」と絶望する人がいらっしゃいます。正直に言うと、私はそうやって一度絶望を感じてみることも悪くないと思っています。

「子どもは自分の思い通りにならない」と早く実感して、早く絶望すれば、そのぶん早く子どもへ対する思いや託している理想像を手放せて、結果、解決も早まるからです。

絶望をしたときこそ、48ページからの〝ありのままを受け容れる3つのワーク〟をやってみたり、〝自分のための時間〟で好きなことをしたりしてみてください。そして、フラットな視点で子どもの成長に目を向けてみてください。

子どもが「学校に行きたくない」と主張したことも、現在の生活が乱れていることも、97ページでお伝えしたように全て子どもの葛藤と成長のあらわれです。

もし、このステップ2の段階で部屋に食事を届けている場合には、それはやめてみるのもありかもしれません。お腹が空けばリビングに出てきて食事を取るかもしれませんし食事がなければインスタント食品などを自分で用意したりする場合もあります。こうして自分のことは自分でする習慣をもつことも、生きる力を養うことの一環となります。

見守ったり、今までやってきたことをやめてみたりするのは、親御さんにとってはとても勇気のいることでしょう。けれども、だからこそ感じることのできる子どもの成長がきっとあるかと思います。

決して、あなたの育て方が悪かったと言っているわけではありません。あなたはあなたなりに精一杯子育てをしてきましたし、お子さんのことを愛している、ということは紛れもない事実です。

また、同じ育て方をしてきたはずのきょうだいであっても、みんなが不登校にはなっていないケースもよくあります。というより、きょうだいがみんな不登校になっているご家庭のほうが少ないです。

私が育った家庭の場合も、兄は不登校や引きこもりになったり非行に走ったりすることはありませんでした。兄は普通に高校・大学へ進学し、現在は地元で公務員をしています。このような例からもわかるように、あなたの育て方が悪かったから不登校になった、ということではありません。

もしかしたら親子のタイプの相性の違いから、お子さんが苦しくなってしまう育て方や関わり方をしてしまった可能性はあります。しかしそれも、悪気があったわけでもお子さんを追い込もうとしていたわけでもありませんので、ご自身を責める必要はありません。ただ気がついて改善していけばいいのです。

あなたと子どもは親子であっても別の人間であり、別の考え方をもって生きています。特に多くの場合は思春期頃からそれがあらわれ始めます。あなた自身のありのままの姿を認め受け容れると同時に、子どものありのままの姿を認め、受け容れるように心がけてみてください。子どもを先導するのではなく、自立を後押しする時期が訪れているのだと思います。

ステップ❸　落ち着き期
子どもの様子

親に対して反抗することに疲れたり、親への信頼が回復してきたりすると、子どもは次第に落ち着いてきます。どのように落ち着いてくるのかは、子どものタイプによっても異なるので、タイプ別にご紹介します。

集団タイプの子どもは、少しずつ物事を楽しむ余裕が出てきます。それまではゲームをしたり、スマホを見たり、好きなことをしているように見えても、心の中は余裕のない状態でした。**「また学校に行けと言われるのではないか」「学校に行けない自分は悪い子だ」「いつまでこの状況が続くのだろう」**という不安定な状態で、その苦しさから一日をなんとかやり過ごすための行動をしていたお子さんも多いです。

この時期は「学校に行かなくても大丈夫」「今は楽しんでいいんだ」と、ある意味で子ども自身も現実を受け容れ自己受容ができてくるといえます。親の自己受容が、少しずつ子どもにも伝わっているのかもしれません。

だからといって、親が子どもに意見をするようになると「やっぱり自分は認められていない」「また始まった」と、自分も親も否定してしまう場合もあります。

■**集団タイプの子どもの例**

・動画を見たりゲームをしたりして、ぱっと見、部屋で楽しそうに過ごしている
・普通の話はできるようになってくるものの、学校へ行けていないことに罪悪感があるため、学校の話に関してはイヤがる
・親には相変わらず面倒くさそうな対応をすることが多い

個人タイプの子どもは、ステップ2までの段階で親子関係などが変わらなかった場合、**さらに元気がなくなり一気に静かになったように見えることがあります**（ステップ2までに関係を回復できた場合、ステップ3は通らないこともあります）。

それまでは、自分なりに**「自分の存在をわかってほしい」「認めてほしい」**という思いで主張をしてきたわけですが、何も変わらなかったことで**「万策尽きた」**と感じ、

無力感に襲われてしまうのです。

同時に、**「自分はもっとできると思っていた」「この先も何もできないんじゃないか」**といった自身に対する失望も加わり、落ち込んで元気が出なくなってしまうお子さんも多いです。特に、今まで我が道を歩いてきた、あるいは歩こうとしてきた個人タイプであればあるほど、強い敗北感や理想が叶わないという絶望感を味わってしまうのです。

ネガティブな状況でいっぱいのようにも見えますが、個人タイプの子どもにとって大切なことに気づける時期でもあります。

ステップ1〜2で強い自己主張をした結果、学校には行かなくても良くなったものの、親からの反応は〝見守り〟や〝親は親で自分の時間を楽しむ〟なので結果、自分自身ときちんと向き合うことができます。言い方を変えれば、〝向き合わざるを得なくなる〟とも表現できます。

そして最終的には、親からの干渉というマイナス要素がなくなっても、自分が「したい」と思うプラスのことについては、結局、親からの許可や金銭的な援助がないとできないことに気づいていくことも多いです。

「じゃあ、その中でどうするのか？」と子ども自身が自分で考え、行動するステージまでいけば、子ども自身の、親からの精神的自立への大きな一歩となります。

■個人タイプの子どもの例

・以前と比べると、かなり落ち着いている
・動画を見たりゲームをしたりしているようだが、楽しんでいる様子ではない
・葛藤したり苦しんだりしているように見受けられる

ステップ❸ 落ち着き期
親の対応

子どもが楽しんだり、落ち着いたりし始める時期なので、もし子どもが「○○したい」と言ってきたら、せっかくなので親も一緒に乗っかって、楽しむようにしてみるのもいいと思います。

例えば「○○について興味がある」と言ってきたら「○○について興味が出てきたんだね」と寄り添ったり、「いい参考書（塾や学校）がないか、一緒に調べてみようか？」と誘ってみたりしてもいいかもしれません。

「遠出して○○に行きたい」と言ってくるようでしたら「私も行ってみたいから、一緒に行ってもいい？」と聞いてみたり「送り迎えはしても良いかな？」と提案したり。「友達に会いたい」と言うようであれば「どこに行くかだけ教えてくれない？」「○時までに帰れないようなら連絡だけはしてね」と、過剰な詮索にならないように、「○○だけ」という最低限の行動を把握すればいいと思います。

「自分の気持ちに寄り添おうとしてくれた」と子どもが感じると、親への信頼の残高がぐんっと積み上がります。

子どもの希望について、もし叶えられないことでも、はじめから「ダメ」と否定するのではなく、「何でそうしたいと思うの？」と理由を聞いてみたり、「お金がかかりそうで正直、今の経済力ではむずかしそうなんだけれど、ほかの方法で叶えられないか一緒に考えてみよう」と、気持ちに寄り添う姿勢を見せて関わると良いかと思います。**「寄り添ってくれた」「自分の気持ちを汲んでくれた」**と感じるだけでも、たとえ全ての希望を叶えられなかったとしても子どもは満足したり子どもを大切に思う親の気持ちが伝わっていきます。

子どもがいろいろなことに興味をもち始めたとはいえ、そこに親が関わってきてほしいかどうかは子どもによって違います。しかし〝あたたかく見守り〟つつ、子どもが意思や気持ちをあらわしてきた際には、それらを受け止め尊重することができれば親子関係も改善されていきますし、一緒に前進していくこともできるかと思います。

「食事の配膳や後片づけを手伝ってほしいんだけど、どう？」「朝起きたらお互いに『おはよう』くらいは挨拶できると嬉しいよ」などと気持ちを伝えた上で、「イヤだ」と返ってきたり意思表示がなかったりする場合には、まだそれができる段階ではないと判断してもいいと思います。

ステップ3～4で子どもに提案をしつつ、ステップ5で、お互いにこれからのことまで話せるようになったら、「今後、自立していけるように自分ができることは自分でやれるようにしよう」「お母さんやお父さんが仕事で疲れているときは助けてほしい」と、伝えられる範囲で子どもに伝えてもいいかと思います。また、親御さんが子どもから精神的に自立できてくると過保護・過干渉がなくなっていくので、結果的に子どもは子どもで自分に必要だと感じることを、自然とせざるを得なくなっていきます。

この段階では、子どもも気持ちの余裕が出てきていますので、あせらずここから新たに親子の関係をつくり直していきましょう。

ご自身の気持ちがフラットで、子どもの機嫌がいいときに話しかけられると伝わりやすいです。また「挨拶以外の言葉を久しく交わしていない」という状態であっても、

「そろそろ何か会話したほうがいいかしら」などと不安や義務感があるときには無理して話しかけなくてもいいかと思います。

不登校や引きこもりの子どもの感性は親が思う以上に研ぎ澄まされています。**「親が自分の機嫌を取ろうとしている」「探りを入れてきている」「ただの挨拶と思わせているが、すごく嫌味っぽい」**などと親御さんが自分でも気がつかないことすらも見抜いたり、指摘したりしてくる場合も多いので、無理せず心に余裕のあるとき、フラットな気分のときにお話ししてください。

我が子に対しても腫れ物に触るような扱いになってしまう親御さんは大変多いです。きっとこの本を読んでいる多くの人もそうなっていらっしゃるかと思います。

何度も話そうとして失敗したり、そのせいで関係が悪くなったりした経験があると、そうなってしまうのも当然です。

ですから話しかける際には、まず自己受容を実践し、なるべくご自身の気持ちが安定してフラットになっているときにしてみましょう。

ステップ❹　過去の清算期

子どもの様子

親が子どもを受け容れられるようになり、子どもの心が安定してくると、**「なぜ、あのときは認められなかったんだ」「本当はこうしたかったのに」**という過去と向き合う時期が訪れる場合が多いです。その際には親やまわりの人、育った環境などに対するネガティブな感情だけでなく、**自分自身が抱いていた劣等感や自己否定についても考えたり向き合ったりするようになります。**

これが過去の清算期です。自問自答をして答えを見つける子もいれば、**「どうしてあのときこうしてくれなかったんだ！」**と親を問い詰める場合もあります。いじめにあっていて親にも言えなかった場合などには、この時期になってようやくそのことを打ち明ける場合もあります。

集団タイプの子どもは、**「本当は自分もみんなと同じようにしたかった」「そのまま**

学校へ通い進学するレールに乗っていたかった」と思うことが多いので、その事実を受け容れられないでいると、不登校という経験を傷のようにとらえがちです。大人になって社会に出ても、不登校だったことを隠したり、まわりの人が修学旅行など学校行事の話をしているときに居心地の悪さを感じたりします。

その考えは、いくら親が「不登校は悪いことじゃない」と子どもに伝えてもなかなか解消されるものではありません。**子ども自身が自分と向き合いその事実を受け容れて、過去との折り合いをつけていくことで解消されていきます。**

■集団タイプの子どもの例

・表情に明るさが見られるようになり、自然な様子を見せるようになった
・比較的冷静に過去の苦しかったこと、傷ついた親の対応など伝えてくることも多い
・一見するとスタート期のように悩み苦しんでいる様子にも見受けられる（自分と向き合っているため）

ステップ3でおとなしくなった個人タイプの子どもは、この段階では再び自己主張をする場合も多いです。

思いつくままに言葉にしたような要求や主張などが増えてくるのは、ステップ3までの段階で**「親が黙って見守ってくれていた」**という安心感によるところも大きいでしょう。

今まで学校の決まりで納得がいかず我慢してきたことや、親に「ダメ」と言われてモヤモヤしてきた個人タイプにとって、再び主張をしたり、過去の怒りを訴えたりすることは、気持ちを整理する上で大切な過程なのだと思います。**もし余裕があるときには、最後まで口を挟まずにしっかりと話を聞くように心がけましょう。**

■個人タイプの子どもの例

・再び親やまわりに対して主張する
・わかってもらえないことに対する怒りをあらわす場合も多い
・「あのときこうしてくれていたら」「なんであのとき、あんなことを言ったんだ」など過去の憤り、感情を出す

ステップ❹ 過去の清算期

親の対応

この時期は親に対して現時点での文句や主張をぶつけるだけでなく、過去のことに対する怒りを蒸し返してくるケースがあります。

私も小学6年生のときの親への怒りを、不登校中だった17歳のときにぶつけました。

相談に来る親御さんの中にも子どもが「何度もサッカーをやめたいと言ったのに、やめさせてくれなかった」「あの子と付き合うと不良になるから遊ぶなと言われた」などと、過去の怒りを何年も経ってからぶつけられて戸惑っている方々がたくさんいました。

「幼稚園のときに、今考えればまったく悪いことをしてなかったのに叱られた」と、親御さんも覚えていないようなことを蒸し返し、謝罪を求めたケースもありました。

また私がカウンセリングスクールに通っていた10代のときには、子ども時代の親への怒りを語る70代の人もいました。

過去の怒りが出る理由は、**「今の苦しみや不登校は、過去に受け容れられなかったことが関係している」**と本人が思ったり感じたりしているからです。そうでも思わないとやっていられない心境になっている、ともいえます。

子どもがありのままの自分を受け容れるには、今まで否定されたり、言いなりになったりしてきた自分と向き合い〝清算する〟という行為も必要となってきます。62ページでお伝えした〝母親殺し〟の一種ともいえるかもしれません。

子どもにとって〝過去を清算するために怒りを吐き出す行為〟は、親子関係が戻っている状態であれば**「今話したらわかってもらえるかな」**という思いがあってのことです。戻っていない場合でも**「やっと怒りを出せた」**と実感することで、大きな前進となることも多いです。

親御さんにとっては、「そんな昔のことを、今さら……」という思いもあるでしょう。「そんなに小さなことで、そこまで怒る?」と不思議に思うかもしれませんし、「ぜんぜん覚えていない……」と戸惑うかもしれません。

しかし、子どもから指摘されて素直に悪いと思った場合には「申し訳なかった」と正直に伝えてください。それが覚えていないことだったとしても仕方ないですし、悪気なく子どものためにしたという理由があったとしても、「悪かった」と思ったときに謝罪の気持ちを伝えるといいと思います。

批判的なことを言われたとしても、「子どもの本音を聞ける会話のチャンス」と考えるだけの余裕があれば、そのようにとらえてみてください。もし、その余裕がない場合には、第1章の自己受容のステップをしっかり実践し、まずは自分の心を落ち着けるよう心がけてください。

過去の清算とは、子どもも大人も関係なくなかなかむずかしいことです。心の整理ができず、思い出してはつらくなるような経験をしたことは誰しもあるはずです。

子どもの主張に対して「じゃあ私はどうすればよかったの？」「それを聞いて私は今、どうしたらいいの？」と言いたくなるのは当然ですし、そうお子さんへ言ったことのある人もいらっしゃるでしょう。

もし素直に謝罪する気持ちになれればその気持ちを伝えても良いですし、その当時も今も、追い詰めてしまったとは思えない、どうしても認められないと思ったら、感情的にはならないように気をつけながら、そう思った理由をアイメッセージでコンパクトに伝えて、子どもの次の言葉を待ちましょう。

子どもと話し合いができることは前へ進むことにつながりますが、過去の出来事についてあれこれ言い合ったりケンカになったりしてしまうと、話がこじれていく可能性があります。

過去は過去です。子どもの話を受けて、自分に改善できるところがあると思えば意識して直していけばいいですし、もし「もう取り返しがつかない」と思ってしまうことがあってもあなたは悪気があったり子どもを追い詰めようとしたりしていたわけではないので、自己受容なさってくださいね。

多くの親御さんも、「取り返しがつかない」と何度も思ったところから解決へと向かっていますのでご安心ください。

ステップ❺ 回復期
子どもの様子

子どもが将来の希望や不安を親に話してくるようなことがあれば、回復期の始まりかもしれません。将来の不安を話すときに**「学校へ行かないといけないよね」**と義務感にかられて話しているように感じられたのなら、まだ回復期ではない可能性もあります。ですから、もし聞かれたら「どうしてそう思うの？」といった感じで聞いてみてください。回復期でない場合は**「みんなそうしているし」「ちゃんとした大人になれないし」**といった、まわりを気にする答えが返ってくることも多いです。

回復期に差し掛かってくると「高校や大学には進学したいから」「友達とまた通いたいから」というような、将来やりたいことのビジョンについて話すようになります。

ここでは、子どもが将来について話しかけてきたときに、どのようなコミュニケーションを取ったらいいのかをお伝えしますね。

■集団タイプの子どもの例

・普段からよく話すなど、親への信頼の残高がある子の場合、「これからどうしよう」「学校どうしよう」など、前へ進むための不安や悩みを打ち明けてくれる
・不登校になったことでレールから外れたと思い込み、「もう元に戻れないのでは」と悩み、どうにかならないかと模索し始める
・普段から喋らないタイプでも、話しかければ反応を返してくる

■個人タイプの子どもの例

・将来に関わるような「これをやりたい」「こうなりたい」という主張をするようになる
・親への信頼の残高がある場合、将来の夢やなりたい大人の理想像を話すようになる
・自分の理想に近づくためにどうしたらいいのかを考え始める

ステップ❺　回復期
親の対応

子どもが「学校へ戻りたい」と自分から言ってきた場合には、「そうなんだね」とまず受け止めて、いつから行き始めるか、どうしたら精神的に苦しくならずに行けるかを親子で考えるなどして背中を押してもいいと思います。

小学生の年齢の場合には「もし途中でお腹が痛くなったり、無理だと思ったら帰ってきていいからね」と伝えるなどして、いざというときの逃げ道を教えてあげると、子どもの安心感につながります。「勉強についていけるかな」と不安そうにするなら、一緒に予習をしてみてもいいでしょう。担任の先生に、登校する旨を伝えると同時に授業の範囲を聞いてみてください。

子どもが「違う学校へ行きたい」と言った場合などにも、やはり「そうなんだね」

とまず受け止めて、その上でどういった学校に行きたいのか聞いてみましょう。私の見てきた経験では、自分でフリースクールや行きたい学校の情報を調べていたケースも多々ありました。「とにかく違う学校がいい」「誰も自分を知らない学校なら行けると思う」といったように漠然とした内容であることも多いですが、そういう場合には「じゃあ一緒に調べてみよう」と親子で探すといいと思います。公立の学校でも学区外の学校に転校できるかもしれません。

私立校やフリースクールの場合は金銭的な理由でむずかしいと考える親御さんもいるかと思いますが、私立であれば支援金や貸付制度を活用できることもありますし、フリースクールでも地方自治体によっては補助金が出る場合もあります。まずは調べてみましょう。

子どもが「将来○○になりたい」と言った場合にも、まず「そうなんだね」と受け止めます。その上で「どういう人が、どんな道でその仕事ができているのか調べてみよう」と一緒に調べたり、情報を探してみたりするといいかと思います。お子さんによってはユーチューバーやダンサー、芸能系の仕事などすぐには収入が得られないと予想される職業を夢としてもつこともあるでしょう。それらに対して親の先入観で「なれるわけないでしょ」「厳しい世界だよ」などとやる気を削ぐことは言わないように心がけましょう。またインターネットで検索すればわかるかと思いますが、今は特に、それらの職業に就くためのスクールやオンライン講座などもたくさんある時代です。

世代の違いから、そういった学校やサービスがあることも知らずに子どもの気持ちに水をさしてしまうケースを、私はたくさん見てきました。しかし子どもと一緒に調べることで、そういった先入観もなくなります。

子どもが「もう学校へは行きたくない」と伝えてきた場合にも、やはりまずは「そうなんだね」と受け止めます。その上で「じゃあ、その後のことも考えないとね。どうする？」と、その先の将来について話し合いましょう。

「学校へ行かないのであれば、働いて家にお金を入れてもらいたいと思ってるけど、あなたはどう？」「学校をやめて、何かやりたいことはあるの？」「○○に興味があるのなら、それを叶えるにはどうしたらいいか、一緒に調べてみよう」などと、子どもの話をしっかり聞いて、寄り添って、一緒に未来へ向かって進んでいけたらベストかと思います。

その結果、内職（家にいながらパソコンでできる仕事）やアルバイトを始めたり就職したりするなどして社会活動をするお子さんもいました。先のことに思い巡らす過程で考えを変えて学校へ戻ったり、社会に出た後に高卒認定資格を取得して進学したりしたお子さんもいて、進路はさまざまでした。

どんな希望が出て、どんな道を歩むにせよ、結局は「子どもを信じるしかない」と私は思うのです（ここでいう「信じる」とは、子どもは親の願った通りに生きるようになる、ということではなく、子どもは子どもなりに自分の人生を生きていく力をもっている、という意味合いです）。

なぜなら、たとえ自分が産んだ子どもでも、あなたとは別の人格だからです。また、子どもの人生に親は関係してはいますが、それと同時に、子どもの人生は子どものものであって親のものではありません。また、無意識に親が子どもの人生の責任を取ろうとして過保護・過干渉になってしまっているケースも不登校の親御さんには多いのですが、実際は、子どもの人生の責任を親が取ることもできません。

意志を貫いて自分の信じる道を歩き出した子どもが、失敗することもあるでしょう。でも、そこから子どもは、非常に多くのことを学びます。そうして、さらに強くたくましくなるのです。親の望む通りに歩くことより、はるかに充実感を味わえる人生を歩むことでしょう。


自己受容し、他者受容し、子どもから精神的な自立を果たした後で、改めてお子さんの姿を見てみてください。

堂々と前を向いて進むお子さんの姿に、

「私が願っていた人生とは違うけれど、この子にとってはこの道が良かったんだ」

「いろいろあったけど、この子にとっては今がいちばん楽しそう」

「こういう人生もあることを、この子がいなかったら私は認めることができなかったかもしれない」

そんな憧れにも似た誇らしい気持ちが湧いてくるのではないでしょうか。

第5章

よくある質問

Q1

まわりの理解が得られなくて、私も子どももつらいです。「学校へ行け」というまわりの目から子どもを守るにはどうしたらいいでしょうか？

A

苦しいお気持ちをお察しします。まずはつらい状況で頑張っているご自身を受容し、ねぎらい、認めながら、優しい言葉をかけていただきたいです。

また、頭がいっぱいいっぱいになってしまうと、全ての人から批判されたり、後ろ指をさされたりしているように感じられてしまうかと思います。しかし実際はまわりの全ての人が後ろ指をさしているのではなく、いつもそのことを考え、意識のアンテナが立っているから、そのように感じられてしまう側面もあります。

ですから意識して好きなことをしたり、趣味に時間を使ったりして思考と距離を置く時間もつくり、頭がこのことで埋まらないようにしてみてください。

「子どもが不登校なのに私が好きなことをしてもいいのでしょうか？」と思う人もいるかもしれません。しかしそう考えた結果、苦しくなり続けてしまうことで負のスパイラルにはまってしまう側面もありますので、距離を置いて精神的に解放される時間を意識してつくることをおすすめします。

また、もしお子さんが元不登校で立ち直った人がまわりにいればコンタクトをとってみることも有効かと思います。味方になってくれたり、共感してもらったり、乗り越えた経験談を聞いたりしたことで乗り越えられた、安心できた、といったお話もこれまでたくさん伺ってきました。もしまわりにいなければ、インターネットで体験者の親御さんの声を探してみるだけでもいいと思います。

お子さんとの関わり方についてですが、子ども自身が悩んでいて親子の間で話ができる関係性の場合には、「たとえ世界が敵になっても、私はあなたの味方だよ」といったように、**ありのままの存在を認める・受容する言葉を伝えると、お子さんは安心できるかと思います。**

ただ、テクニックでそのように伝えても研ぎ澄まされた感覚をもつお子さんは見抜いてしまうので、心からそう思えているときに伝えることが大切です。

会話がなくて伝えられない関係性で、お子さんがまわりの目を気にしてつらそうにしている場合には、まず親御さん自身がその苦しい気持ちを自己受容して、お子さんに対しても受容的な気持ちで関わるようにしてみてください。たとえ言葉で伝えられなくても、その受容的な態度によってお子さんにも伝わっていき、親が味方であることが感じられると、お子さんの心も安定していくと思います。

Q2

子どもがゲームばかりしていたり動画を毎日長時間見ていたりして心配です。どのように対応したらいいでしょうか?

A

ゲームを一日中していたり動画を毎日長時間見ていたりしたら心配になってしまいますよね。その気持ちはよくわかりますし、せめて長時間はやめてほしい、と思われるのは親として当然かと思います。その上でお答えすると、ここで大切なことは〝やめさせる・やめさせない〟の前に、まず、お子さんの立場になって考えてみることです。

「どうしてゲームばかりしているんだろう？」「なぜ動画ばかりをずっと見るのだろう？」と子どもの目線で考えてみると、**「今は楽しめることがこれしかないのかもしれない」**とか**「没頭している間は不安な気持ちにならずにいられるのではないだろうか」**というようにも考えられるかと思います。ぜひご自身の思ったことを紙に書き出してみてください。

そして次に、ご自身が苦しいときやすることがないときにどのように過ごしている（いた）のかを書き出してみてください。

するとご自身も苦しいときやすることのないときには、自分の好きなこと（甘いものを食べたり、お酒を飲んだり、映画やドラマを見たり）をすることで、長時間は没頭していないにせよ、何かしらのことをして気持ちを紛らわせたり心のエネルギーをチャージしたりしていることに気がつきます。自分と子どもは同じなのだということが理解できるので、批判的な気持ちや不安な気持ちが和らぐかと思います。その結果、ゲームや動画を見ていても以前ほどは心配ではなくなり、自然とお子さんの気持ちに寄り添った関わりができるようにもなります。

とはいえ、家のことを何もやらずに、ただ好き勝手に、やりたいことをやらせるわけにはいきません。子どもの気持ちに寄り添った上で、84ページに記載したような責任やルールを意識させる関わりをしていきましょう。

こちらを実践するにはまずお子さんがエネルギーのある状態かない状態かを見極めることが前提になりますので、87ページなども参考にして、お子さんがエネルギーのある状態か否かを判断してみてください。

もし元気になって自分のことをできる状態なのに毎日ゲームばかりをしていたり

動画ばかりを見ていたりするのならば、子どもにとって家が居心地の良すぎる場所となり動く理由がない状況といえます。

お子さんの気持ちを理解しようと心がける前提ではありますが、〝ありのまま〟と〝わがまま〟の違いを念頭に置きながら、「なるべく自分のことは自分でさせるように心がける」「実社会へ出る練習のつもりで、家庭のルールを守らせるように意識する」ということを実践してみてください。

具体的には、家のルールとして、ゲームやインターネットをする時間を設けることが必要かと思います。この場合にも、子どもが没頭してしまう気持ちに寄り添い理解を示した上で話し合いをし、親子でルールづくりができたらベストです。どんなルールがいいのか親子で書き出してみるというのもおすすめです。

まとめると、
①子どもの立場になって考える（書き出す）
②自分（親）自身に置き換えて考える（書き出す）
③子どものエネルギー量を確認する
④子どもと一緒にルールをつくる
このような流れでお子さんと向き合ってみましょう。

Q3

子どもが親に対して
完全に心を閉ざしてしまいました。
誰に、どうやって間に入ってもらったら
いいでしょうか？

A

苦しい心中をお察しいたします。私が不登校であったときも心を閉ざし、両親と同じ屋根の下で暮らしながら一切話せない、顔も合わせない、といった時期がありました。またカウンセラーとして、そういう親子関係となってしまったご家庭をたくさん見てきました。

その経験から思うことは、まず、「誰に、どうやって間に入ってもらったらいいのだろうか？」と考える前に、**「どうして子どもは心を閉ざしてしまったのだろうか？（閉ざさざるを得なかったのだろうか？）」ということをじっくり考えて、ご自身（ご両親）なりの答えを出し、改善する気持ちをもつことです。**

子どもが心を閉ざしてしまったなら閉ざしてしまったなりの理由と原因がありま す。仮に第三者に入ってもらって顔を合わせることができて、そのときは会話ができたとしても、根本が改善していないと結局元に戻ってしまったり悪化してしまったりするでしょう。しかし、当たっている・当たっていないは別として、子どもの気持ちを理解しようと心がけていると、その姿勢が伝わっていくので、関係が復活してから、また元に戻るようなことはほとんどありません。

心を閉ざした子どもの気持ちの根底には、**「自分の苦しい気持ちをわかってもらえない、理解してもらえない」**といった思いがあり、その積み重ねから何も話さなくなってしまうケースがほとんどですので、「日々のどういった言動が子どもに否定しているように感じさせているのだろうか？」と思い返し、考えてみるといいと思います。

その上で、子どもが親に対して完全に心を閉ざしてしまっているときに、誰に、どうやって間に入ってもらったらいいのかについてお伝えします。

①お子さんと仲の良い同級生や友人

多くのお子さんの場合、親のさしがねだと思うとそれだけでなかなか心を開けないものですが、それでも元々心を開いていた友達だったりすると会話ができることもあります。

私が両親に心を閉ざしていた不登校のときにも、同級生が家に来て間に入ってくれたことで、母と久々に会話をしたことを覚えています。

②専門のカウンセラー

私たちのような専門家だと、たとえお子さんに親のさしがねだと思われても関係をつくることができたり、その時々で上手な対応をしたりできるので、専門家に、第三者として間に入ってもらうのも有効かもしれません。

ほかにも96ページで紹介したように、地方自治体によっては行政の訪問カウンセリングのサービスなどもあるので調べてみてもいいと思います。

誰が間に入っても、親が子どもの気持ちに寄り添う姿勢がないと、元に戻ったり、悪化したりしてしまう可能性もありますので、まず「どうして子どもは心を閉ざしてしまったのだろうか？」と考えて、改善する気持ちをもつようにしてみてください。

Q4

検査をしたら子どもに障がいがあることがわかりました。それでも不登校は解決できますか？

A

私は自身の体験からも多くの不登校のお子さんを見てきた経験からも、障がいがあったとしても解決はできると確信しています。しかし、この〝解決〟をあなたがどのように定義されているのかによって決まるかとも思います。

たとえ障がいがあったとしても、その子がその子として幸せに生きていくことができる、ということが〝解決〟だと私は定義しており、そうなることはできると思っています。

私自身も発達障害（ADHD）で不登校、引きこもりの経験者ですが、生きる力を養い社会の中で生きていくことができていますし、私のまわりにもさまざまな障がいの気質がありながら、それとは関係なく幸せに生きている人がたくさんいます。

また障がいがあると診断されたお子さんが、不登校の状態から復学・進学をされたケースを私はたくさん見ています。

そういった経験から「あまり問題視しなくていいのではないかな？」と思うと同時に、問題視して不安になってしまう場合には、その気持ちを自己受容されるように心がけることをおすすめします。

障がいと診断されるものは生まれたときからの気質である場合が多く、なくすことがそもそもできません（もしかしたら努力により改善できる部分はあるかもしれませんが）。

なくすことができないということは、それと上手に付き合っていくことが何より大切になってきます。

そしてお子さん自身がそれと上手に付き合っていくためには、親御さんもお子さんのその気質をまず受け容れ、受容しながら対応していくことが大切です。

しかし、頭ではわかっていたとしても不安な気持ちが出てしまうのは当然ですし、現実を見ていると、なかなか大丈夫と思えない場合もあるかもしれません。

そこで17ページで「不登校　有名人」「不登校　経営者」などで検索することをおすすめしたように、障がいの件でも、「(障がい名)　有名人」「(障がい名)　幸せ」などで検索してみてください。

お子さんと同じ障がいがありながら、生きる上での〝障壁〟にすることなく社会で活躍したり幸せに生きていたりする方々がたくさんいることがわかり、安心できるかと思います。

障がいに対してどのような見方・とらえ方をするのか？　ということと、その障がいの傾向を理解して上手に付き合っていけるといいですね。

ちなみに、私は今もＡＤＨＤ特有の気質が色濃くあり、大人になった現在でも部屋の片づけや物の管理は苦手です。また自分でも笑ってしまうくらいルーティンの繰り返しや同じ場所で、じっとしていることが大嫌いです。

そんな私ですが、部屋の片づけは外注するなど不得意なことは他者に頼んだり、毎日さまざまなカフェなど場所を変えて仕事をしたりするなどして上手に付き合って社会生活を幸せに過ごしていますので、私の事例も参考になりましたら幸いです。

おわりに

ここまでお付き合いいただきましてありがとうございました。
最後にもう一度「はじめに」でもお伝えした言葉を言わせていただきます。

「あなたは悪くありません」

何をもって「いい」「悪い」の判断をするのか？　というのは各々違うかと思いますが、カウンセラーとして不登校のお子さんがいらっしゃる多くのご家庭を見てきた私の価値観では、あなたはまったく悪くはありません。

なぜならあなたはあなたなりの愛をもって、良かれと思うことをしながら子育てをしてきたからです。

もしかしたら今までは自己受容という概念を知らず、自分のことも、子どものことも受け容れられずにきたのかもしれません。

タイプの違いや相性があることに気づかずに、親の考え方や価値観を子どもに無意識に押しつけてしまっていたのかもしれません。

そのせいで頑張ってきたことが逆効果になってしまい、親子共々苦しくなってしまった側面はあったのでしょう。

しかしだからといって、あなたがお子さんを追い込もうとしていたわけでも苦しませようと考えていたわけでもありません。

それはタイプの違いや適切な関わり方を知らなかっただけなのですから、決してあなたが悪かったというわけではないのだと私は思っています。

そして、次に言いたい言葉があります。

「お子さんも悪くありません」

私が不登校だったときも、これまで関わらせていただいてきた不登校のお子さんの多くも「学校へ行けない自分は悪い」と自分を責めていました。

親の目にどのように映るかは、各々のお子さんによって違いがあるのかもしれませんが、子どもは子どもなりに頑張っています。

それを認めてもらえない、わかってもらえないと何度も感じるときに、心は閉ざされてしまいます。

親が自己受容（ありのままを受け容れること）できるように、お子さんも〝頑張ってきた自分〟を自分でねぎらい〝自分を許せるとき〟に心にエネルギーが溜まって生きる力を取り戻していきます。

その段階や見極め方、その際の関わり方についても記載しましたが、まず、親御さん自身が「いい」「悪い」の判断基準を手放して、ご自身の存在や頑張りを認め、ねぎらい、受容していくことで、お子さんの状況も受け容れ受容することが自然とできるようになっていきます。

これこそが不登校解決への道なのです。

お子さんの状態が、ご家庭の状況が、そして何よりあなたご自身がより幸せを感じられる方向へと向かうきっかけとなりましたら幸いです。

最後に……。

「人生は出会いで決まる」

これは、オーストリアの哲学者であるマルティン・ブーバーの言葉です。

そして私の人生が大きく変わるきっかけを与えてくださったカウンセラーの高木裕樹先生がいつもおっしゃっている言葉です。

私は数多くの方々の愛と助けによって不登校・引きこもりの状態から癒やされ回復することができましたが、そんな数多くの出会いの中でも特に、カウンセラーの高木裕樹先生との出会いはとても大きなものでした。

私は、不登校・引きこもりの心病んだ10代の頃に先生と出会い「不登校だ」とか「何をしているのか」などといった条件ではなく、日々、愛をもって私のありのままの存在を認め受容していただいたことで回復することができました。

そして回復してからは先生に憧れてカウンセラーの道を志し、実際に活動するようになって現在に至ります。

高木先生との出会いがなければ私は回復することもカウンセラーになることもありませんでしたし、今こうしてあなたと出会うこともありませんでした。

そういった経緯からも、私は「人生は出会いで決まる」というブーバーの言葉には心から共感しています。

また手前味噌で恐縮ですが、これまでにも数多くの講座に参加された方々やメルマガの読者さん、クライアントの皆様からも「あなたとの出会いから変わることができた」「子どもの不登校や引きこもりが解決した」といったお声をたくさんいただいてきました。

あなたにとってもこの本との出会いがそのような「人生が変わる出会い」であったなら、これほど嬉しいことはありません。

それでは、ここまでお伝えしてきた内容をご自身のものとしていただき、お子さんも、パートナーも、もちろんあなたご自身も、今後の人生がより良いものとなっていくことを心から願い、筆をおかせていただきます。
最後までお読みいただき、ありがとうございました。

2023年　3月　今野陽悦

今野陽悦（こんの・ようえつ）

不登校・引きこもり専門カウンセラー。

10代の頃に不登校や引きこもりを経験し、どうにかして現状を変えたいとカウンセリングを受講しながら、自身もカウンセリングや心理学を学ぶ。そこでさまざまな手法と出会い、多くの人の愛と助けで徐々に心の葛藤から解放される。

引きこもり時代の自分と同じように悩んでいる人の力になりたいと、自身の経験を通じて、20歳の頃から不登校・引きこもりなど子どもの問題を専門としたカウンセラーとして活動を開始。子どもの気持ちに寄り添い、一緒に解決していくカウンセリングスタイルが話題となり、のべ1万件を超えるカウンセリングを行う。

カウンセリング活動のかたわら、無料メールマガジン「不登校・引きこもりのお子さんを持つ親御さんのための親子関係講座」（購読数約7万人）を発行し、不登校・引きこもりの改善に向けての情報発信にも力を入れている。

メールマガジン
https://kaiketsu.pro/hutouko/

学校《がっこう》に行《い》けない子《こ》どもの気持《きも》ちがわかる本《ほん》

2023年3月 7 日　第1版　第1刷発行
2024年3月19日　　　　　第4刷発行

著　者　　今野陽悦

発行所　　WAVE出版
〒102-0074　東京都千代田区九段南3-9-12
TEL 03-3261-3713　　FAX 03-3261-3823
振替 00100-7-366376
E-mail: info@wave-publishers.co.jp
https://www.wave-publishers.co.jp

印刷・製本　　中央精版印刷株式会社

NDC370　207p　19cm　ISBN978-4-86621-438-2